Gestalten und verschönern mit

PAPPMACHÉ

Über 20 dekorative Objekte für Ihr Zuhause

Gestalten und verschönern mit

PAPPMACHÉ

Über 20 dekorative Objekte für Ihr Zuhause

MARION ELLIOT

FOTOGRAFIERT VON DAVID PARMITER
UND LUCY TIZARD

Bechtermünz Verlag

Zuerst veröffentlicht 1997 von Lorenz Books

Lorenz Books is an imprint of Anness Publishing Inc.
27 West 20th Street
New York, NY 10011

Deutsche Erstausgabe

Übersetzung: SATS – Katja Steiner, Ehingen
Fotos: David Parmiter, Lucy Tizard
Illustrationen: Madeleine David
Gesamtherstellung: South China Printing Company
Printed in Hong Kong
ISBN 3-86047-448-0

INHALT

VORWORT

Pappmaché kann eine viele Jahrhunderte alte Geschichte erzählen, die alle Kontinente berührt. Es ist noch heute eine der einfachsten und günstigsten Basteltechniken, und mit etwas Einfallsreichtum kann fast alles mit ihr geschaffen werden – von der feinen Schüssel bis hin zu größeren Möbelstücken.

Als Kind habe ich gerne mit Papier und Kleber gespielt. Ich kann mich zwar nicht genau daran erinnern, was ich damit angestellt habe, aber ich weiß, daß ich irgendwann eine wackelige Schüssel vor mir stehen hatte – das Ergebnis meines Beklebens eines Ballons mit Zeitungspapier –, und das Aufregendste daran war mit Sicherheit das Zerplatzen des Ballons. Seitdem bin ich immer wieder auf's neue fasziniert von den Dingen, die sich aus Pappmaché basteln lassen. Ich liebe die taktilen, aus Pulp gefertigten Schüsseln. Sie sehen solide und schwer aus; nimmt man sie jedoch in die Hand, sind sie überraschend leicht – dieses Erlebnis trägt jedesmal zu meiner Freude an diesen Objekten bei.

In diesem Buch zeigen wir Ihnen anhand von klaren, schrittweisen Anleitungen und Fotos, wie Sie 23 Pappmaché-Objekte basteln können, vom praktischen Zeitungsständer bis hin zum eleganten Kerzenständer. Ein umfangreicher Teil beschreibt die Materialien und Arbeitsmittel, die Sie für das Pappmaché benötigen, und enthält nützliche Anleitungen zu den verschiedenen Techniken: einfache Tips zum Zerreißen der Zeitung, zur Herstellung Ihres eigenen Pulps, zur Verwendung von Formen und zum Bau Ihrer eigenen Gerüste. Ein Objekt basteln, ist die eine Sache; eine andere ist seine Oberflächengestaltung, denn erst diese macht es zu Ihrem ganz persönlichen Werk. Wir zeigen Ihnen, wie man malt, vergoldet, mit Kieselsteinen verziert und sogar, wie man Pappmaché aus Stoff herstellt.

Ich hoffe, daß Sie dieses Buch dazu inspiriert, mit dem Sammeln von Papierresten und Karton zu beginnen und einige der hier vorgestellten, reizvollen Projekte nachzubasteln.

KIESELSTEIN-WANDUHR

Natürliche Materialien auf einem Pappmaché-Untergrund ergeben eine schlichte und zugleich stilvolle Uhr. Zwölf Kieselsteine markieren die Stunden. Ihre Farben und polierten Oberflächen bilden einen reizvollen Kontrast zur rauhen Oberfläche des Recyclingpapiers und der Schnur.

SIE BENÖTIGEN:
Bleistift
Zirkel
Lineal
dicke Wellpappe
Cutter
Schneidematte
Papierkleber
Zeitungspapier
Mischbehälter
Pinsel
feines Sandpapier
weiße Emulsionsfarbe
dekoratives Recyclingpapier
Schere
Schnur
Uhrwerk und Zeiger
Superhartkleber
zwölf Kieselsteine
eine Bilderöse

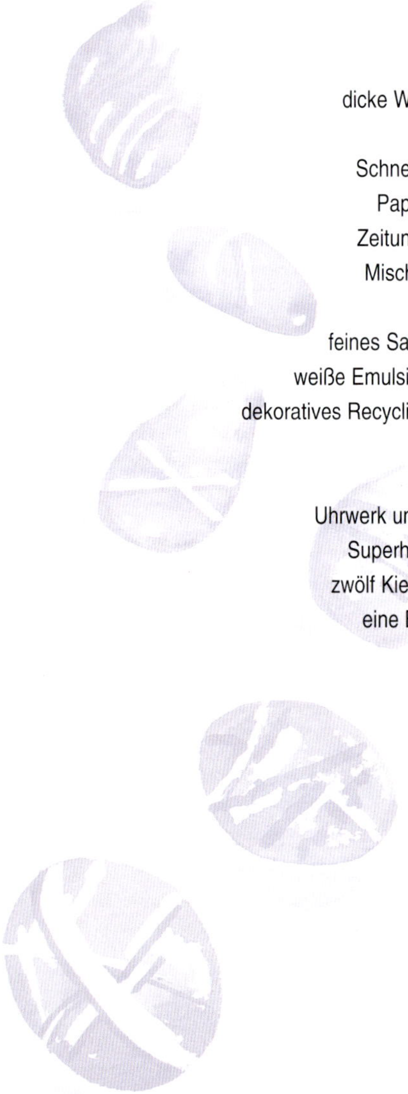

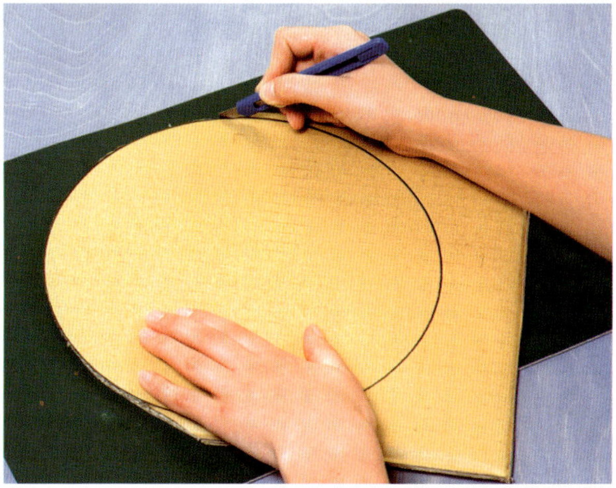

1 Zeichnen Sie einen Kreis mit einem Durchmesser von 25 cm auf ein Stück Wellpappe. Die Pappe auf die Schneidematte legen und den Kreis mit einem Cutter ausschneiden. Kleben und Trocknen.

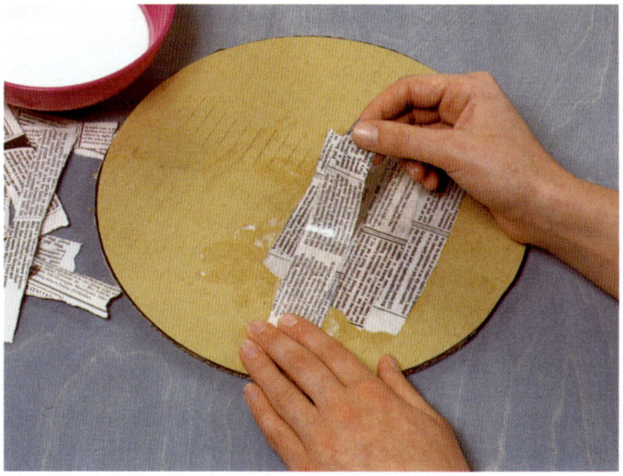

2 Zeitungspapier in 2,5 cm breite Streifen reißen, diese beidseitig mit verdünntem Papierkleber bestreichen und den Kreis mit fünf Lagen Pappmaché bedecken.

3 Lagern Sie die Uhr über Nacht an einem warmen Platz. Wenn der Kleber vollkommen trocken ist, die Oberfläche mit Sandpapier leicht aufrauhen.

4 Tragen Sie zwei Schichten weißer Emulsionsfarbe auf beide Seiten der Uhr auf. Lassen Sie die Farbe zwischen den Anstrichen gut trocknen.

5 Zeichnen Sie einen Kreis mit einem Durchmesser von 18 cm auf das Recyclingpapier. Ausschneiden und mit Papierkleber mittig auf die Uhr kleben.

6 Eine dicke Schicht Papierkleber vom äußeren Rand der Uhr bis zum Rand des Papierkreises auftragen. Die Schnur kreisförmig um das Zifferblatt herumlegen, bis der Randbereich ganz bedeckt ist.

7 Stechen Sie mit Hilfe eines spitzen Bleistiftes ein Loch in das Zentrum des Zifferblattes und stecken Sie die Spindel des Uhrwerkes hindurch. Dieses und die Zeiger nach Herstellerangaben montieren.

8 Die Zeiger des Uhrwerkes auf 12 Uhr stellen und den Punkt auf dem Schnurrand markieren. Jede Stunde so anzeichnen.

9 Mit transparentem Superhartkleber nun einen Kieselstein auf jeden der markierten Punkte kleben. Sobald der Kleber getrocknet ist, befestigen Sie auf der Rückseite Ihrer Uhr die Bilderöse.

SCHMUCKKÄSTCHEN

Dieses nützliche Kästchen glitzert und funkelt mit seiner Goldverzierung und den kleinen Spiegelstücken am raffinierten Deckelgriff. Ein aus Karton gebasteltes Gerüst dient als Grundform.

SIE BENÖTIGEN:
Bleistift
Metallineal
Wellpappe
Cutter
Schneidematte
Klebeband
Papierkleber
mittelgroße und feine Pinsel
vier Murmeln
Zeitungspapier
Mischbehälter
Epoxydharzkleber
einen kleinen Spiegel
Hammer
Strukturplastikmasse
ein Streichholz
feines Sandpapier
weiße Acrylgrundierung
Gouachefarben
Farbmischbehälter
matten und glänzenden Polyurethanlack
Goldlack

1 Die folgenden Formen auf die Wellpappe zeichnen und ausschneiden: ein 8,5 cm großes Quadrat für den Boden, vier 6 x 8,5 cm große Seitenteile, ein 10 cm großes Quadrat für den Deckel. Einen 40 x 1,5 cm langen Streifen für den Deckelrand ausschneiden und alle 10 cm falten, bis ein Quadrat entsteht. Für den Griff eine Spirale mit einer 1 cm großen, quadratischen Lasche für die Befestigung am Deckel zeichnen.

2 Setzen Sie das Kästchen und den Deckel mit Klebeband zusammen. Mit einem Cutter schneiden Sie einen Schlitz in den Deckel, durch den Sie die Lasche des Griffes stecken. Versiegeln Sie die Wellpappe und das Klebeband mit verdünntem Papierkleber. Bekleben Sie die Murmeln mit Klebeband, aber befestigen Sie sie noch nicht am Boden.

3 Reißen Sie das Zeitungspapier in ca. 2,5 cm breite Streifen und weichen Sie diese in verdünntem Papierkleber ein. Bedecken Sie das Kästchen, den Deckel sowie die vier Murmeln mit mehreren Lagen Pappmaché. Alle Teile an einem warmen Ort lagern, bis sie vollkommen trocken sind.

4 Mit Epoxydharzkleber befestigen Sie die Murmeln am Boden. Wickeln Sie den Spiegel gut in Zeitungspapier ein und zertrümmern Sie ihn mit einem Hammer. Suchen Sie die Stücke für Ihren Griff aus. Mischen Sie die Strukturplastikmasse an, verteilen Sie sie mit einem Streichholz auf dem Griff und drücken Sie die Spiegelstücke hinein. Trocknen lassen.

5 Den Deckel und das Kästchen mit feinem Sandpapier abreiben und mit einer Schicht Papierkleber bestreichen. Weiße Grundierung auf beide Teile und die Plastikmasse auftragen.

6 Wenn die Grundierung getrocknet ist, bemalen Sie das Kästchen und den Deckel außen und innen mit einem dünnen Malpinsel mit Gouachefarben.

7 Auf Deckel und Kästchen in mehreren Schichten matten und glänzenden Lack auftragen, um eine vielschichtige Versiegelung zu erhalten. Zum Schluß mit dem Goldlack Akzente setzen.

BILDERRAHMEN

Besitzen Sie ein schönes Bild, das in einem langweiligen Rahmen hängt? Dann nutzen Sie Pappmaché dazu, ihn stilvoll und originell zu verwandeln. Schneiden Sie die Grundform einfach aus Karton aus und bedecken Sie sie mit Pappmaché, bevor Sie den Rahmen dekorieren.

SIE BENÖTIGEN:
- dicke Wellpappe
- Bleistift
- Metallineal
- Cutter
- Schneidematte
- Holzrahmen
- Klebeband
- Zeitungspapier
- Mischbehälter
- Watteballchen (ersatzweise Styroporkugeln)
- Filzstift
- grobe Schnur
- Alleskleber
- weiße Latexfarbe
- zwei Malpinsel
- Vergoldung in Pastenform (auf Wachsbasis)

1 Messen Sie ein Stück dicke Wellpappe, das 9 cm größer als Ihr Holzrahmen ist, ab und schneiden Sie es aus. Dann legen Sie den Holzrahmen mittig auf die Pappe und schneiden die Öffnung heraus.

2 Kleben Sie den Holzrahmen nun mit dem Klebeband auf die Pappe.

3 Falten Sie ein Stück Zeitungspapier zu einem Streifen, etwas größer als die Länge und Breite einer Seite Ihres Papprahmens. Den Überhang auf die Rückseite umschlagen und festkleben. Bedecken Sie so die Vorderseite des Rahmens mit Papier.

4 Wenn die Vorderseite komplett mit Zeitungspapier bedeckt ist, reißen Sie ca. 8 cm breite Streifen ab und weichen diese in Tapetenkleister ein. Über beide Kanten des Rahmens legen, bis er ganz mit Pappmaché bedeckt ist. Gut trocknen lassen.

5 Die Wattebällchen mit einem Cutter halbieren. Mit einem Filzstift eine Freihandfigur auf die Rahmenoberseite zeichnen, auf die Sie Schnur und Wattebällchen legen werden.

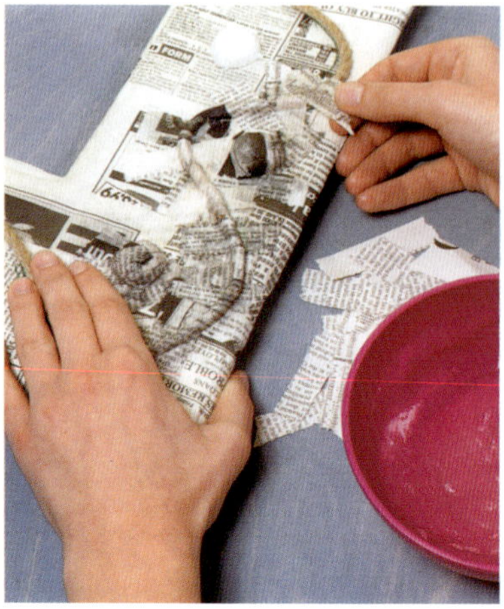

6 Mit Alleskleber Schnur und Wattebällchen festkleben. Mit etwas in kleine Stücke gerissenem, in Papierkleber eingeweichtem Zeitungspapier dann die Schnur und die Wattebällchen bedecken.

7 Sobald der Rahmen gut getrocknet ist, mit zwei Schichten weißer Latexfarbe anmalen; die Farbe gut trocknen lassen. Zum Schluß die Erhebungen auf dem Rahmen mit der Wachspaste vergolden.

GLÄNZENDER SPIEGEL

In dieser Variation wird ein Spiegel in einen tiefen, quadratischen, gold- und blauglänzenden Rahmen gesetzt. Er wird so garantiert zum attraktiven Schmuckstück. Eine kunstvoll eingelegte Schnur sorgt für zusätzlichen Charme.

SIE BENÖTIGEN:
- doppelte Wellpappe
- Bleistift
- Metallineal
- Cutter
- Schneidematte
- einen quadratischen Spiegel (23 cm groß)
- Papierkleber
- Malpinsel
- Gewichte
- Epoxydharzkleber
- Zeitungspapier
- Tapetenkleister
- Mischbehälter
- grobe Schnur
- weiße Latexfarbe
- kobaltblaue und türkisfarbene Arcrylfarbe
- Farbmischbehälter
- Schwamm
- dicke Goldgouache
- Glanzsprühlack
- Fensterkratzer (Rasierklinge)
- zwei Bildösen
- Bilderdraht

1 Zeichnen Sie auf die doppelte Wellpappe ein ca. 46 cm großes Quadrat für die Spiegelrückseite, für den Rahmen vier 46 x 11,5 cm und vier 23 x 11,5 cm große Rechtecke auf. Mit einem Cutter ausschneiden.

2 Den Spiegel mittig auf das Rückenteil legen und den Rahmen mit einer doppelten Schicht Wellpappe um den Spiegel herum aufbauen. Die Wellpappe festkleben und zum Trocknen mit Gewichten beschweren.

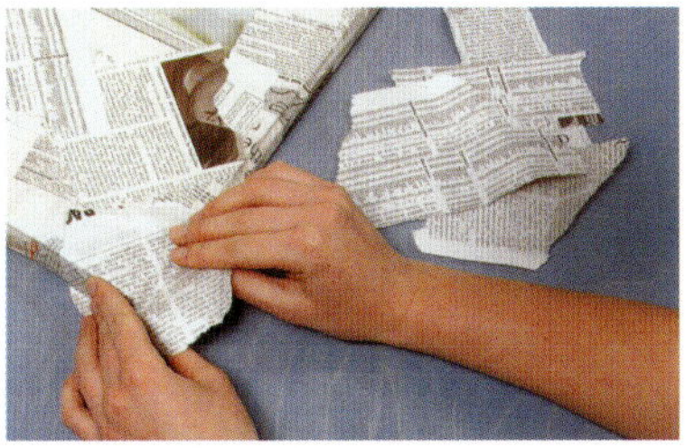

3 Den Spiegel entfernen und die Wellpappe mit verdünntem Papierkleber versiegeln. Mit Epoxydharzkleber den Spiegel auf der Rückseite befestigen. Zeitungspapier in Streifen reißen und in Tapetenkleister einweichen. Vorder- und Rückseite des Spiegels mit vier Lagen Pappmaché bedecken, die Kanten sauber bearbeiten.

4 Den getrockneten Rahmen mit einer Schicht verdünntem Papierkleber bestreichen. Tauchen Sie die zuvor abgemessene Schnur in Papierkleber und legen Sie sie in einem wellenförmigen Muster auf alle vier Seiten der Rahmenoberfläche. Warten Sie mit dem nächsten Schritt, bis der Rahmen ganz trocken ist.

5 Den Rahmen und die Schnur mit einer weiteren Schicht Pappmaché bedecken; verwenden Sie kleine Zeitungsstreifen. Gut trocknen lassen.

6 Vorder- und Rückseite mit zwei Schichten weißer Latexfarbe bestreichen, die Farbe zwischen den Anstrichen trocknen lassen.

7 Den Rahmen mit kobaltblauer Acrylfarbe bemalen und mit einem in das Türkis getauchten Schwamm vorsichtig abtupfen. Gut trocknen lassen.

8 Mit einem Schwamm und der Goldgouache setzen Sie auf die Schnur Akzente und lassen den Rahmen wieder gut trocknen.

9 Den Rahmen mit Glanzlack einsprühen. Beliebig viele Schichten aufsprühen, bis Ihnen die Oberfläche gefällt.

10 Mit einem Fensterkratzer bzw. einer Rasierklinge entfernen Sie Farb- und Kleberreste vom Spiegel.

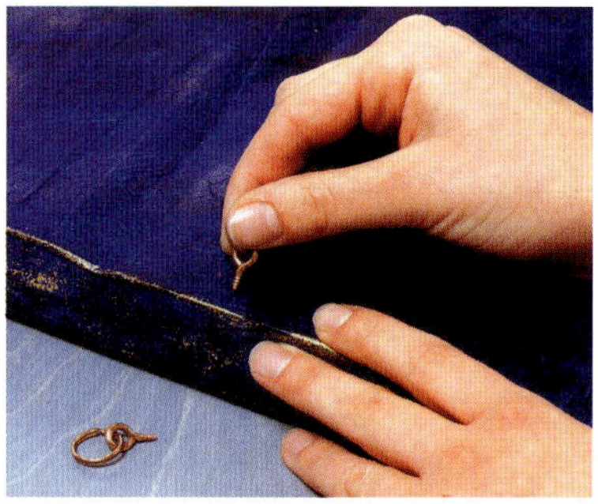

11 Schrauben Sie in die Rückseite zwei Bilderösen ein und befestigen Sie an ihnen den Bilderdraht.

KING HENRY IV PART I

SONNE-UND-MOND-MOBILE

Goldglänzende Sonnen und blaue Monde bilden bei diesem schönen Mobile einen passenden Kontrast. Obwohl man bei Mobiles gewöhnlich an Kinderzimmer denkt, ist dieses edel genug, um jeden Raum zu schmücken.

SIE BENÖTIGEN:
Wellpappe
Bleistift
Cutter
Zeitungspapier
Klebeband
kleine Messingschraubhaken
Epoxydharzkleber
Papierkleber
einen mittelgroßen Malpinsel
weiße Latexfarbe
Farbmischbehälter
blaue, silberne, orange, rote und weiße Gouachefarbe
einen feinen Malpinsel
Glanz- und Mattlack
Goldlack
kleine Messingringe
Bilderdraht

1 Zeichnen Sie alle Freihandfiguren auf die Wellpappe und schneiden Sie sie mit einem scharfen Cutter aus.

2 Zeitungspapier in Stücke reißen und zu Formen zerknüllen. Mit Klebeband auf Ihre Figuren aus Wellpappe kleben; so werden sie dreidimensional.

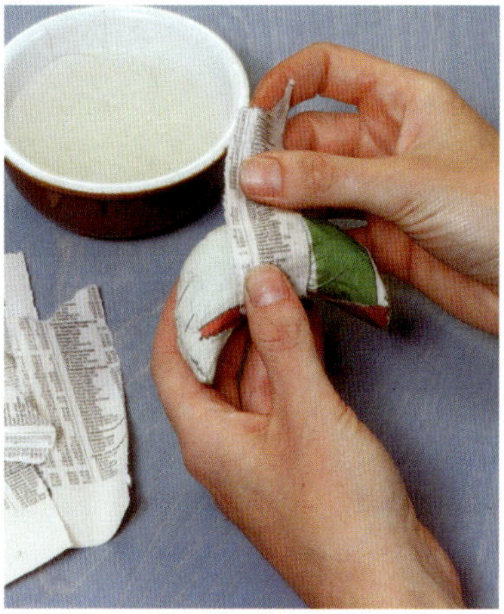

3 Bedecken Sie die nun gewölbten Figuren mit mehreren Lagen Zeitungspapier, das in Papierkleber eingeweicht wurde. Über Nacht gut trocknen lassen.

4 Schrauben Sie die Messinghaken dort in die Figuren, wo Sie vom Mobile hängen sollen. Kleben Sie sie mit Epoxydharzkleber fest.

5 Streichen Sie die Formen mit Papierkleber ein und lassen Sie sie trocknen. Danach mit einer Schicht weißer Latexfarbe grundieren und erneut trocknen lassen.

6 Die Gouachefarben anmischen und die Figuren mit dem feinen Pinsel und verschiedenen Mustern dekorieren. Die Figuren mit mehreren Schichten Glanzlack versiegeln; einige Stellen zur Kontrastierung mit Mattlack bestreichen.

7 Zum Schluß mit Goldlack die feinen Details aufmalen. Die Figuren mit den Haken und Messingringen zusammenfügen, den Bilderdraht durch den Haken der obersten Figur führen und verzwirlen. Jetzt können Sie Ihr Mobile aufhängen.

FISCH-KÜHLSCHRANKMAGNETE

Lassen Sie einen Schwarm bunter Fische über Ihre Kühlschranktür schwimmen! Sie können die Dicke der Fische je nach Menge des aufgetragenen Pappmachés variieren – aber denken Sie daran: je mehr Pulp Sie auftragen, um so länger müssen die Figuren trocknen.

SIE BENÖTIGEN:
- Bleistift
- festen Karton
- Schere
- Pappmaché-Pulp (s. Seite 91)
- Mischbehälter
- feines Sandpapier
- weiße Latexfarbe
- Malpinsel
- Aquarellstifte
- Acrylsprühlack
- Epoxydharzkleber
- flache Magnete

1 Zeichnen Sie Fischformen auf den festen Karton und schneiden Sie sie mit der Schere aus.

2 Drücken Sie ca. 1,5 cm dicken Pappmaché-Pulp auf die Vorderseite der Fischformen. An einem warmen Ort vollständig trocknen lassen.

3 Zeitungspapier in ca. 2,5 cm breite Streifen reißen und in verdünntem Papierkleber einweichen. Die Fische beidseitig mit zwei Lagen Pappmaché bedecken. ▶

4 Mit feinem Sandpapier vorsichtig abreiben, dann mit zwei Schichten weißer Latexfarbe bestreichen; zwischen den Anstrichen trocknen lassen. Dekorieren Sie die Fische mit Aquarellstiften.

5 Die Fische auf beiden Seiten mit Acryllack einsprühen und trocknen lassen.

6 Befestigen Sie mit Epoxydharzkleber einen starken, flachen Magneten auf der Rückseite der Fische.

9 Tauchen Sie dann einen Schwamm vorsichtig in die gebrannte Siena ein und betupfen Sie damit den Rahmen und die Seiten des Kästchens.

10 Blaue und weiße Gouache mischen und die Rückwand und die Innenseiten mit dem hellen Blau bemalen. Mit reinem Blau und dem Schwamm auf die Zacken kleine Kreise auftupfen.

11 Mischen Sie den Kontaktkleber nach Herstellerangaben an und kleben Sie die Glassteine, wie im Bild gezeigt, auf die Zacken, die „Füße" und die Vorderseite.

12 Besprühen Sie das ganze Wandkästchen mit Acryllack und lassen Sie es gut trocknen.

10 Sobald sie trocken ist, die Oberfläche der Vase vorsichtig mit feinem Sandpapier abreiben. Mit Bleistift die Muster für Ihr Schnurdekor aufzeichnen.

11 Die Vase auf eine kleine Schüssel legen, unverdünnten Papierkleber auf die Flächen, die Sie mit Schnur bedecken wollen, streichen und die Vase entsprechend Ihrer Zeichnung dekorieren.

PATCHWORK-SCHALE

Die Technik des Pappmaché wird bei dieser neuartigen Schale mit Stoffresten ausgeführt. So entsteht ein bunter Patchwork-Effekt. Die Oberkante der Schale können Sie nachschneiden, wenn Sie einen glatteren Abschluß wünschen; ansonsten lassen Sie sie ruhig etwas ausgefranst.

SIE BENÖTIGEN:
- Schale
- Plastikfolie
- Zeitungspapier
- Papierkleber
- Mischbehälter
- Schere
- diverse Stoffreste

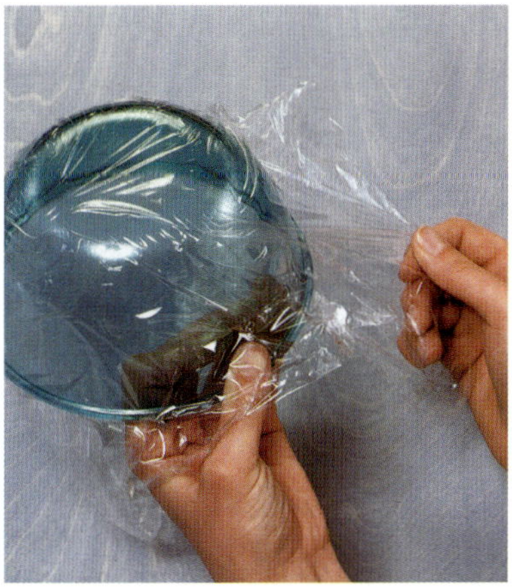

1 Verwenden Sie die Außenseite der Schale als Form für das Pappmaché. Bedecken Sie sie gut mit Plastikfolie, die Sie so glatt wie möglich streichen.

2 Reißen Sie Zeitungspapier in kleine Rechtecke und befeuchten Sie sie mit Wasser. Die Schale mit einer Schicht feuchtem Zeitungspapier bedecken.

3 Weichen Sie dann weitere Rechtecke aus Zeitungspapier in verdünntem Papierkleber ein und bedecken Sie die Schale mit fünf Lagen Pappmaché. An einem warmen Ort gut trocknen lassen.

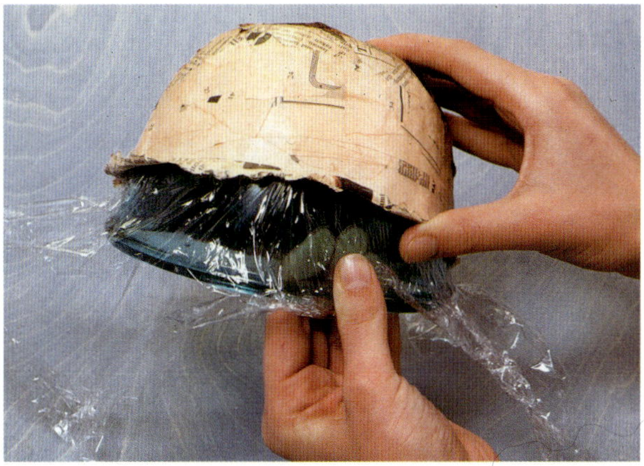

4 Versichern Sie sich, daß das Pappmâche wirklich vollständig getrocknet ist, bevor Sie es vorsichtig von der Form lösen und die Plastikfolie entfernen. Die Oberkante mit einer Schere begradigen.

5 Schneiden Sie die Stoffreste in kleine Stücke und beliebige Formen.

6 Tauchen Sie die Stoffstückchen in den verdünnten Papierkleber und bedecken Sie das Pappmaché damit; an der Außenseite beginnen. Die Stoffstückchen leicht überlappen lassen. Trocknen lassen.

7 Verfahren Sie auf gleiche Weise mit der Innenseite. An der Kante die Stückchen gerade überstehen lassen.

8 Die Schale gut trocknen lassen. Auf Wunsch die Oberkante mit der Schere nachschneiden oder ausgefranst lassen.

BUNT BEMALTER BLEISTIFTHALTER

Für diesen nützlichen Bleistifthalter verwenden Sie am besten eine dicke Kartonrolle, wie Sie zum Aufrollen von Teppichen oder schweren Stoffen verwendet wird. Für einen sicheren Stand muß das Pappmaché auf dem Boden glatt und gleichmäßig aufgebracht werden.

SIE BENÖTIGEN:
- Metallsäge
- Kartonrolle
- festen Karton
- Schere
- Papierkleber
- Zeitungspapier
- Mischbehälter
- feines Sandpapier
- weiße Latexfarbe
- Malpinsel
- Aquarellstifte
- Acrylsprühlack

1 Mit der Metallsäge schneiden Sie ein ca. 10 cm langes Stück Kartonrolle ab. Stellen Sie es auf den festen Karton und zeichnen Sie den Umriß für den Boden des Behälters nach. Schneiden Sie den Kreis aus.

2 Den Boden mit Papierkleber auf der Kartonrolle befestigen. Zeitungspapier in ca. 2,5 cm breite Streifen reißen, in verdünntem Papierkleber einweichen und den Behälter innen und außen mit zwei Lagen Pappmaché bedecken. An einem warmen Ort trocknen lassen. ▶

3 Reiben Sie den Bleistifthalter mit feinem Sandpapier ab, bestreichen Sie ihn innen und außen mit zwei Schichten weißer Latexfarbe. Die Farbe trocknen lassen. Mit Aquarellstiften bemalen.

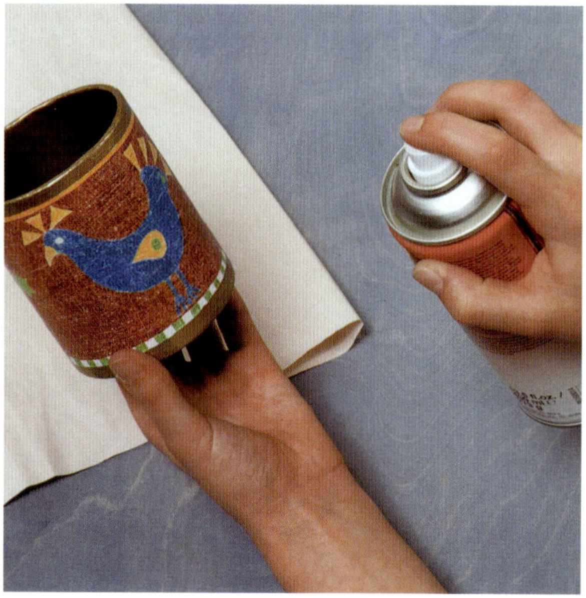

4 Sobald der Behälter gut getrocknet ist, innen und außen mit Acryllack besprühen und trocknen lassen.

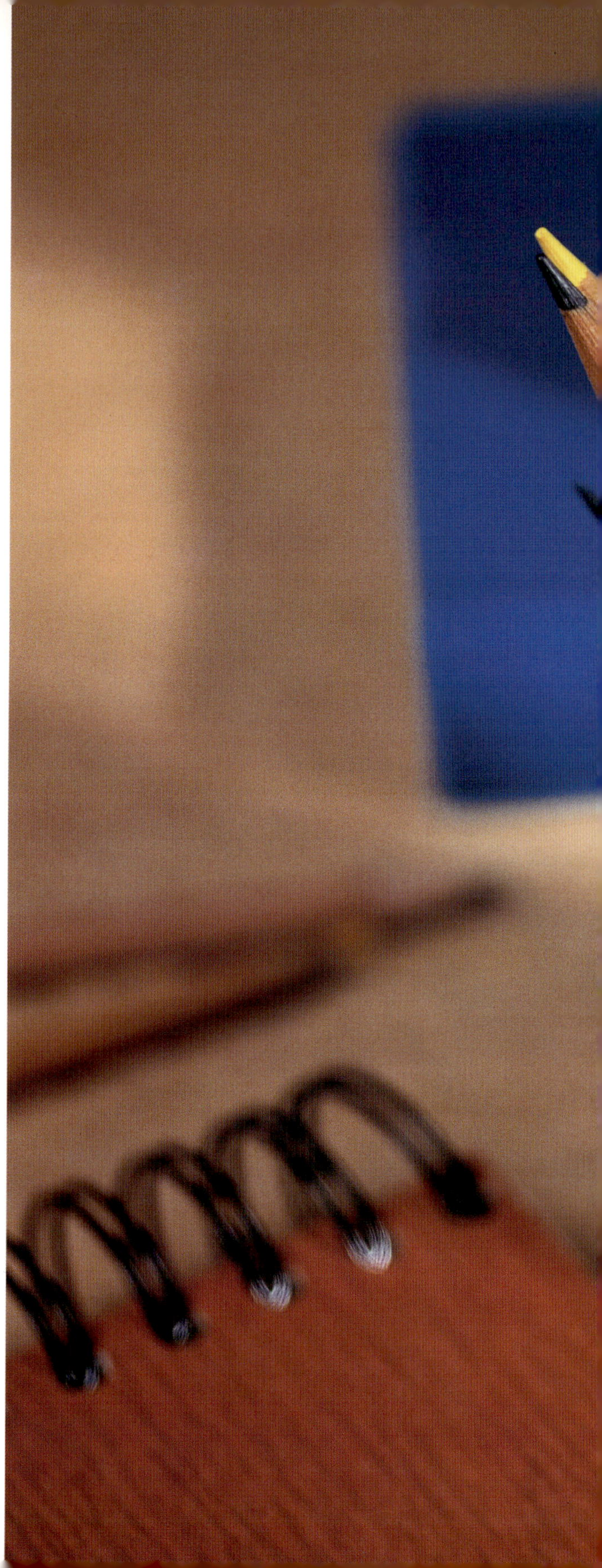

DÉCOUPAGE-PAPIERKORB

Braunes Packpapier wird für die oberste Schicht Pappmaché dieses stabilen Papierkorbs verwendet und bildet den perfekten Hintergrund für die goldene Découpage-Dekoration aus Geschenkpapier. Unterschiedliche Größen und Muster verleihen dem Papierkorb eine interessante Textur.

SIE BENÖTIGEN:
Zirkel
Bleistift
Metallineal
dicke Wellpappe
Cutter
Schneidematte
Naßklebeband
Schwamm
Papierkleber
Malpinsel
Papier
Tapetenkleister
Mischbehälter
braunes Packpapier
Geschenkpapier
Acrylsprühlack

1 Mit dem Zirkel zeichnen Sie einen Kreis mit einem Radius von 12,8 cm auf dicke Wellpappe. Dann unterteilen Sie mit dem Zirkel den Umfang des Kreises in sechs gleich große Teile.

2 Den Radius des Zirkels auf 6,4 cm einstellen und sechs Zwischenbereiche markieren, so daß der Kreis in zwölf gleich große Teile aufgeteilt ist. Mit dem Lineal verbinden Sie die Punkte zu einer zwölfseitigen Form. Mit dem Cutter ausschneiden.

3 Schneiden Sie ein 76,6 x 35 cm großes Stück Wellpappe aus (die Stanzung an den Papierkorbseiten sollte vertikal verlaufen). In zwölf 6,4 cm breite Streifen aufteilen und vom oberen Rand ein 5 cm breites Band abmessen. Alle Linien einzeichnen.

4 Falten Sie das 5 cm breite Band nach außen um, es bildet den oberen Rand des Papierkorbes.

5 Zwölf Stücke Naßklebeband abschneiden und auf alle Seiten des Papierkorbbodens kleben. Mit Schwamm befeuchten.

6 Den Boden umdrehen, mit dem Naßklebeband die Außenwand befestigen; an den eingezeichneten Linien biegen.

7 Mit Naßklebeband die Seitennaht zusammenkleben. Das Klebeband über die Oberkante führen und die Naht innen zusammenkleben. Den Karton mit verdünntem Papierkleber versiegeln.

8 Reißen Sie normales Papier in Streifen und weichen Sie es in Tapetenkleister ein. Den Papierkorb innen und außen mit vier Lagen Pappmaché bekleben und an einem warmen Ort trocknen lassen. ▶

9 Mit braunem Packpapier eine letzte Schicht Pappmaché auftragen. Reißen Sie für die Dekoration verschiedene Motive aus Geschenkpapier aus.

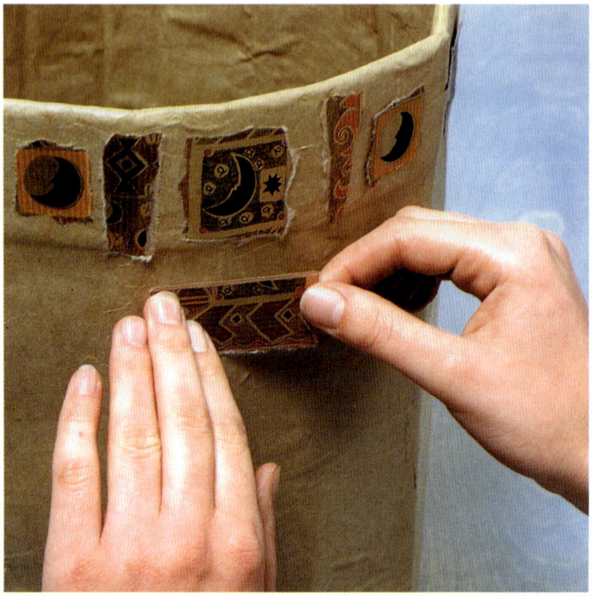

10 Kleben Sie die Motive mit unverdünntem Papierkleber nach Belieben auf den Papierkorb.

11 Reißen Sie einige schmale Streifen Geschenkpapier aus und kleben Sie diese auf die Oberkante und die untere Seite des Randes.

12 Den Papierkorb versiegeln Sie innen und außen mit einer Schicht Acrylsprühlack und lassen ihn gut trocknen.

VERGOLDETE VASE

Für diesen prächtigen Behälter benutzen Sie eine echte Vase als Form. Sie können diese dann mit einem Rand verzieren und die Form nach Belieben verändern. Wenn Sie einen Glasbehälter in die Pappmaché-Vase stellen, können Sie sie sogar für frische Blumen verwenden.

SIE BENÖTIGEN:
Vase
Vaseline
Zeitungspapier
Mischbehälter
Papierkleber
Cutter
Wellpappe
Marmeladenglas (nach Belieben)
Acrylsprühlack
Naßklebeband
Schwamm
Schere
handgeschöpftes Papier
Pappmaché-Pulp
Malpinsel
feines Sandpapier
Acrylgrundierung
schnelltrocknenden Grundierleim
Blattgold oder -silber
einen großen, weichen Pinsel

1 Streichen Sie die Vase dünn mit Vaseline ein. Zeitungspapier in ca. 2,5 cm breite Streifen reißen und in Wasser einweichen. Eine Schicht auf die Vase auftragen.

2 Mehr Zeitungspapier in verdünntem Papierkleber eintauchen und fünf bis zehn Lagen Pappmaché auf die Vase auftragen. Gut trocknen lassen.

3 Mit einem Cutter die Papierform in zwei Hälften schneiden und von der Vase lösen.

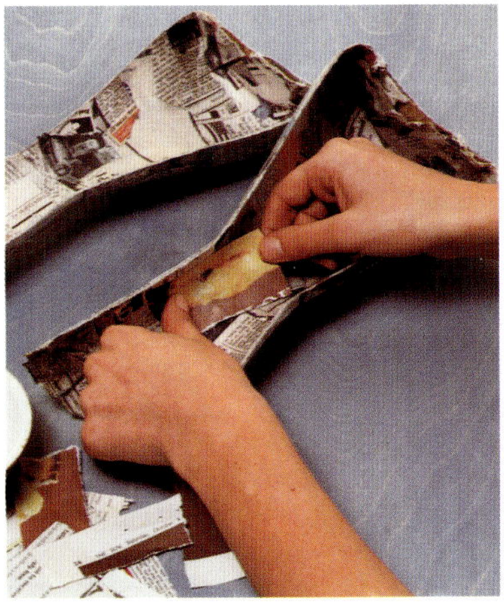

4 Die Innenseite zur Verstärkung mit einer Schicht Pappmaché bekleben und trocknen lassen.

5 Schneiden Sie aus Wellpappe einen Kreis aus, der innen auf den Boden Ihrer Vase paßt. Alternativ dazu können Sie einen Glasbehälter einsetzen, den Sie später als „echte" Vase benutzen können.

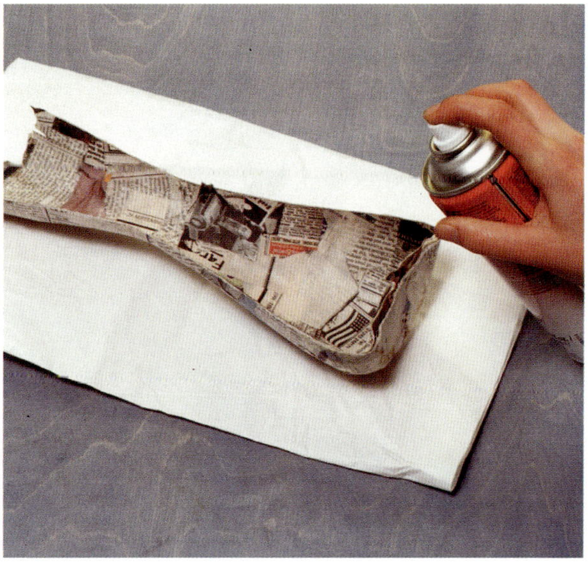

6 Besprühen Sie die Hälften innen und außen mit Acryllack (dies ist besonders wichtig, wenn Sie die Vase später für frische Blumen verwenden wollen).

7 Kleben Sie die Hälften mit Naßklebeband zusammen. Wollen Sie die Vase nicht für frische Blumen benutzen, versiegeln Sie die Naht auf der Innenseite mit in Papierkleber eingeweichtem Zeitungspapier.

8 Die Oberkante mit der Schere begradigen. Aus Wellpappe einen Rand ausschneiden, der darauf paßt. Mit Naßklebeband fixieren, mehrere Lagen Pappmaché auftragen. Kanten gut abdecken; trocknen lassen. ▶

9 Einige Streifen handgeschöpftes Papier in verdünntem Papierkleber einweichen und zur Verstärkung eine Schicht auf die Vase auftragen.

10 Eine Schicht Pappmaché-Pulp auftragen und die Vase an einem warmen Ort trocknen lassen.

11 Die Oberfläche mit feinem Sandpapier glatt reiben, dann eine zweite Schicht Pappmaché-Pulp auftragen und wieder gut trocknen lassen.

12 Mit zwei Schichten Acrylgrundierung bemalen; zwischen den Anstrichen trocknen lassen. Eine Schicht Grundierleim aufbringen, dann mit Blattgold oder -silber bedecken und nach Belieben dekorieren.

BUNTE SERVIETTENRINGE

Steife Kartonrollen sind ideal dazu geeignet, Serviettenringe zu basteln. Sie können die Rollen in einem Stoffgeschäft oder im Papierwarenladen bekommen. Wenn Sie dünnere Kartonrollen (z. B. von Toilettenpapier) verwenden, müssen Sie mehrere Schichten Pappmaché auftragen.

SIE BENÖTIGEN:
Metallsäge
Kartonrolle
Schere
Zeitungspapier
Papierkleber
Mischbehälter
feines Sandpapier
weiße Latexfarbe
Malpinsel
Aquarellstifte
Goldmarker
Acrylsprühlack

1 Mit der Metallsäge schneiden Sie ca. 5 cm lange Stücke von der Kartonrolle ab. Mit der Schere die Kanten begradigen.

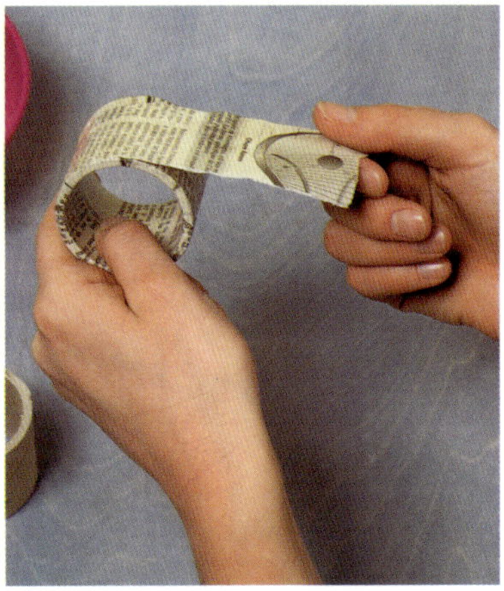

2 Zeitungspapier in Streifen reißen und in verdünntem Papierkleber einweichen. Die Ringe innen und außen mit zwei Lagen Pappmaché bedecken. Trocknen.

3 Mit Sandpapier leicht abreiben, dann mit zwei Schichten weißer Latexfarbe bestreichen; zwischen den Anstrichen trocknen lassen. Mit Aquarellstiften dekorieren, die Kanten mit Goldmarker nachziehen.

4 Innen und außen mit Acryllack besprühen und gut trocknen lassen.

STERNENÜBERSÄTER ZEITUNGSSTÄNDER

Lagern Sie Ihre Zeitungen und Zeitschriften in diesem praktischen Ständer, der aus mit Pappmaché bedecktem Karton gebastelt und mit Schwamm und Schablone golden und silbern verziert wird. Das Ergebnis wird Sie an einen schönen Sternenhimmel erinnern.

SIE BENÖTIGEN:
Bleistift
Metallineal
doppelte Wellpappe
Cutter
Schneidematte
Teller
Naßklebeband
Schwamm
Papierkleber
Malpinsel
Zeitungspapier
Tapetenkleister
Mischbehälter
feines Sandpapier
weiße Latexfarbe
preußischblaue, silberne und goldene Gouachefarbe
Farbmischbehälter
dünnen Karton
Acrylsprühlack

1 Aus doppelter Wellpappe zwei Rechtecke von 40 x 30 cm ausschneiden. 5 cm vom Rand jedes Rechtecks entfernt, zeichnen Sie eine Linie auf und teilen diese in 5 cm breite Quadrate ein. Mit einem Tellerrand Kurven in die Quadrate ziehen, um die oberen und unteren Ecken zu verbinden. Ausschneiden.

2 Für die Stützen zwei Rechtecke von 15 x 30 cm Größe ausschneiden und diese in 5 cm große Quadrate unterteilen. Mit dem Tellerrand konkave Kurven aufzeichnen, um die oberen und unteren Punkte entlang der Kanten zu verbinden. Ausschneiden.

3 Für die Enden zwei gleichschenklige Dreiecke mit 15 cm langen Seiten und vier gleichschenklige Dreiecke mit 5 cm langen Seiten ausschneiden. Die großen Seitenteile aufeinanderlegen und an der Unterkante mit Naßklebeband aneinanderkleben.

4 Die Stützen jeweils auf ein Seitenteil legen und an den Unterkanten ausrichten. Die Oberkanten der Stützen mit Naßklebeband an die Seitenteile kleben.

5 Die großen Dreiecke an jedem Ende zwischen die Seitenteile setzen und innen und außen festkleben. Die vier kleinen Dreiecke zwischen die Seitenteile und die Stützen setzen und gut festkleben. Die Wellpappe mit verdünntem Papierkleber versiegeln.

6 Zeitungspapier in ca. 2,5 cm breite Streifen reißen und mit Tapetenkleister bestreichen. Den Zeitungsständer mit vier Lagen Pappmaché bedecken. Die Kanten und Spitzen mit kleinen Stücken sauber bekleben. Gut trocknen lassen.

7 Mit feinem Sandpapier vorsichtig abreiben, dann mit einer Schicht weißer Latexfarbe grundieren und trocknen lassen.

8 Dünnflüssige, preußischblaue Gouache mit dem Pinsel auf die komplette Oberfläche auftragen und trocknen lassen.

9 Mit einem Schwamm und goldener Gouache den Zeitungsständer mit einem beliebigen Muster betupfen.

10 Auf ein Stück Karton ein Sternenmotiv aufzeichnen und mit dem Cutter ausschneiden. Mit silberner Gouachefarbe, dem Schwamm und der Schablone beliebig viele Sterne auftupfen.

11 Die Kanten mit dem Schwamm und silberner Gouache abtupfen, dann gut trocknen lassen.

12 Zum Schluß versiegeln Sie die Oberfläche des Zeitungsständers mit dem Acrylsprühlack.

BRIEFSTÄNDER MIT HERZ

Dieser filigrane und phantasievolle Briefständer eignet sich hervorragend zur Aufbewahrung Ihrer Liebesbriefe. Die Form wird aus Wellpappe und galvanisiertem Draht zusammengesetzt, dann mit Pappmaché bedeckt und mit einem prächtigen, dreidimensionalen Herz geschmückt.

SIE BENÖTIGEN:
- Bleistift
- Metallineal
- Wellpappe
- Cutter
- Schneidematte
- Drahtschere
- Spitzzange mit runden Enden
- Klebeband
- Zeitungspapier
- Papierkleber
- vier Murmeln
- Epoxydharzkleber
- feines Sandpapier
- weiße Acrylgrundierung
- mittelgroße und feine Malpinsel
- Gouachefarben
- Farbmischbehälter
- glänzenden Polyurethanlack
- Goldlack

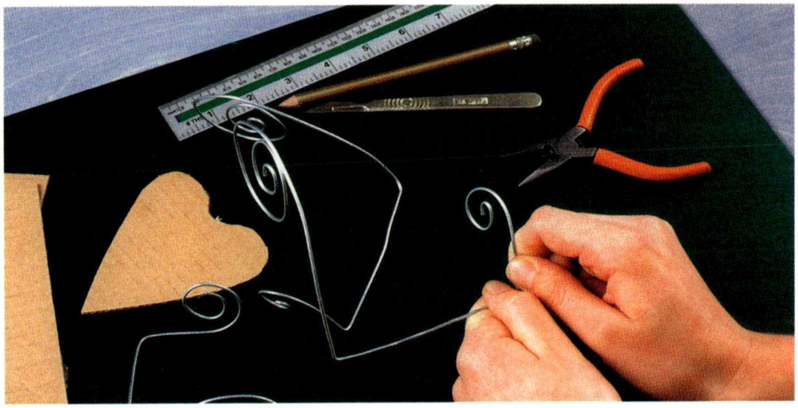

1 Schneiden Sie aus Wellpappe zwei Rechtecke von 20 x 8 cm Größe und ein Herz von ca. 10 cm Höhe aus. Galvanisierten Draht in drei 55 cm lange Stücke schneiden. Mit der Spitzzange jeden Draht an einem Ende zu einer großen Spirale für die Rückseite des Ständers biegen, am anderen Ende zu einer kleinen für die Vorderseite. Nach oben biegen, so daß in der Mitte ein 8 cm langes, flaches Stück übrig bleibt.

2 Diese flachen Stücke klemmen Sie nun zwischen die beiden Wellpappenrechtecke und kleben diese mit Klebeband zusammen. Zeitungspapier zerknüllen und mit Klebeband auf das Herz kleben. Dann das Herz auf die mittlere Spirale an der Vorderseite des Briefständers kleben. ▶

3 Zeitungspapier in ca. 2,5 cm breite Streifen reißen und in verdünntem Papierkleber einweichen. Den Sockel und das Herz mit mehreren Lagen Pappmaché bedecken. Die Murmeln mit Klebeband umwickeln und mit Pappmaché bedecken. Gut trocknen lassen, mit Epoxydharzkleber am Sockel festkleben.

4 Das Pappmaché vorsichtig mit feinem Sandpapier abreiben und mit Papierkleber bestreichen. Mit einer Schicht Acrylgrundierung den Sockel, die Füße, den Draht und das Herz grundieren.

5 Sobald die Grundierung gut getrocknet ist, können Sie mit Gouachefarben Ihr Design aufmalen.

6 Mehrere Schichten glänzenden Polyurethanlack auftragen, jeweils trocknen lassen. Zuletzt mit Goldlack die Details auf das Herz und den Sockel malen. Draht und Füße auch mit Goldlack überziehen.

NAUTISCHES WANDKÖRBCHEN

Dieses flotte Wandkörbchen dient als sicherer Stauraum für all die kleinen Dinge, die man so gerne verlegt. Im Badezimmer ist es ein idealer Aufbewahrungsort für Make-up und Wattebäuschchen!

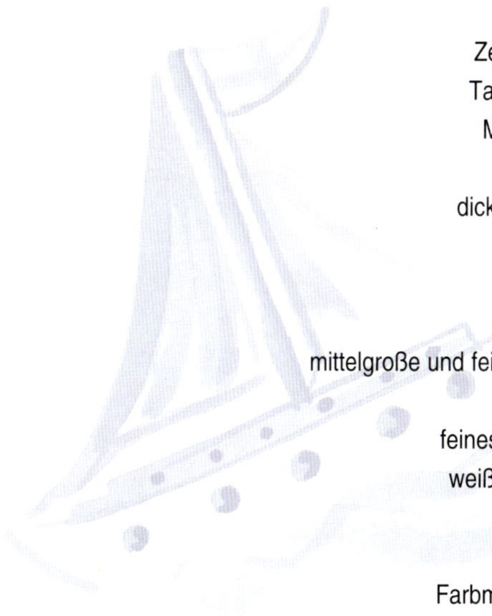

SIE BENÖTIGEN:
- Ballon
- Zeitungspapier
- Tapetenkleister
- Mischbehälter
- Schere
- dicke Wellpappe
- Filzstift
- Lineal
- Papierkleber
- mittelgroße und feine Malpinsel
- Klebeband
- feines Sandpapier
- weiße Latexfarbe
- Bilderöse
- Acrylfarben
- Farbmischbehälter
- Acrylsprühlack

1 Den Ballon ganz aufblasen, um für das Pappmaché einen festen Untergrund zu erhalten. Zeitungspapier in ca. 2,5 cm breite Streifen reißen und in Tapetenkleister einweichen. Die unteren zwei Drittel des Ballons mit fünf Lagen Pappmaché bedecken.

2 An einem warmen Ort vollständig trocknen lassen. Dann den Ballon zerstechen und entfernen. Mit der Schere begradigen Sie die Oberkante der Schale und schneiden sie dann in der Mitte durch.

3 Auf ein Stück dicke Wellpappe mit Filzstift und Lineal den Mast, die Segel und die Kabine des Bootes aufzeichnen. Die halbe Schale positionieren und den Umriß nachzeichnen.

4 Die Bootsform mit der Schere aus der Wellpappe ausschneiden. Mit einer Schicht verdünntem Papierkleber versiegeln und trocknen lassen.

5 Mit Klebeband befestigen Sie die Pappmaché-Schale auf der ausgeschnittenen Pappform.

6 Die Segel, den Mast, die Kabine und die Rückseite des Bootes mit mehreren Schichten, die Halbschale mit einer Schicht Pappmaché bedecken. An einem warmen Ort gut trocknen lassen.

7 Mit Sandpapier abreiben, dann mit zwei Schichten weißer Latexfarbe grundieren. Am oberen Ende des Mastes die Bilderöse befestigen. Mit Acrylfarben dekorieren und mit Acrylsprühlack versiegeln.

BALLON-OBSTSCHALE

Ein Ballon dient als Form für diese Obstschale. Er wird nach dem Trocknen des Pappmachés einfach mit der Schere zerstochen und entfernt. Ein eleganter, aus Karton zugeschnittener Sockel gibt der Schale einen stabilen Stand.

SIE BENÖTIGEN:
- Ballon
- Zeitungspapier
- Tapetenkleister
- Mischbehälter
- Schere
- festen Karton
- Bleistift
- Lineal
- Klebeband
- feines Sandpapier
- weiße Latexfarbe
- mittelgroße und feine Malpinsel
- Acrylfarben
- Farbmischbehälter
- Acrylsprühlack

1 Blasen Sie den Ballon ganz auf, um einen festen Untergrund für das Pappmaché zu erhalten. Zeitungspapier in ca. 2,5 cm breite Streifen reißen und in Tapetenkleister einweichen. Den Ballon mit fünf Lagen Pappmaché bedecken, den Bereich um den Knoten herum gut aussparen.

2 An einem warmen Ort vollständig trocknen lassen. Mit der Schere den Ballon zerstechen und entfernen. Die Schale auf der gewünschten Höhe abschneiden.

3 Von dem Karton ein ca. 13 cm breites Stück an der Längsseite abschneiden. Zu einem Ring biegen und mit Klebeband befestigen. Ringsum ca. 5 cm vom Rand entfernt eine Linie markieren und mit der Schere in gleichmäßigen Abständen einschneiden.

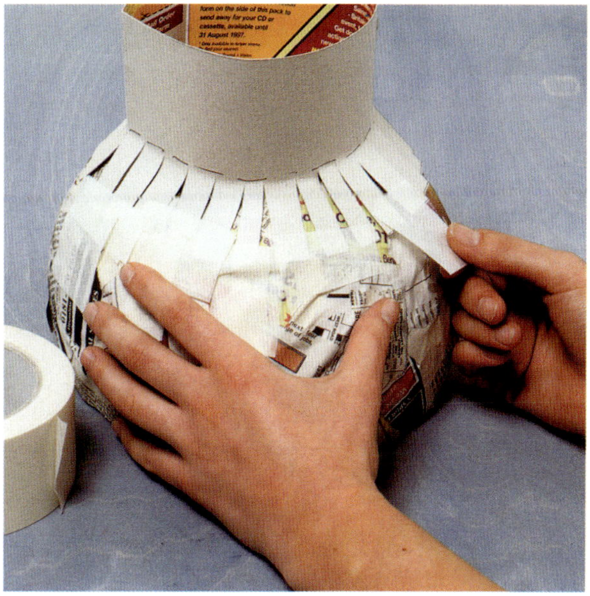

4 Die Schale auf den Kopf stellen und den Kartonring mittig auf ihr plazieren. Die Streifen auf der Schale mit Klebeband gut befestigen.

5 Die Schale und den Fuß mit mehreren Lagen Pappmaché bedecken und an einem warmen Ort vollständig trocknen lassen.

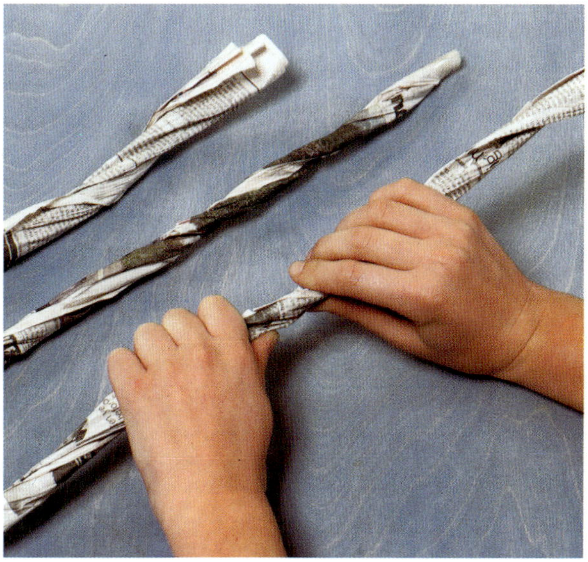

6 Ein paar Seiten Zeitungspapier aufrollen und in sich verdrehen. Die Rollen müssen um den oberen Rand der Schale und den Fuß passen.

7 Die Rollen mit Klebeband am oberen und unteren Rand des Fußes und an der Oberkante der Schale befestigen. Nochmals mehrere Lagen Pappmaché auftragen und gut trocknen lassen.

8 Die Schale mit feinem Sandpapier leicht abreiben und mit zwei Schichten Latexfarbe grundieren. Zwischen den Anstrichen trocknen lassen. Dann innen und außen mit Acrylfarben dekorieren und mit Acrylsprühlack versiegeln. Gut trocknen lassen.

VERGOLDETE STERNENPLATTE

Ein Renaissanceportrait, das auf Seidenpapier gepaust wird, dient als Hauptmotiv auf dieser vergoldeten Platte. Schmücken Sie das Hauptmotiv mit Stempeldruck und kleinen Quadraten aus handgeschöpftem Papier, um eine faszinierende Wirkung zu erzielen.

SIE BENÖTIGEN:
Vaseline
einen Eßteller
Zeitungspapier
Mischbehälter
Papierkleber
dünnen Karton
Cutter
Metallineal
Schneidematte
Schere
Naßklebeband
Schwamm
Malpinsel
Pappmaché-Pulp
feines Sandpapier
Acrylgrundierung
Pausmotiv
Pauspapier
weiche und harte Bleistifte
Seidenpapier
Schablonierkarton
goldene Farbe
Farbmischbehälter
handgeschöpftes Papier
goldenes Geschenkpapier
Acryllack

1 Eßteller mit Vaseline bestreichen. Zeitungspapier in ca. 2,5 cm breite Streifen reißen und in Wasser einweichen. Den Teller mit einer Schicht Pappmaché bedecken. Danach eine zweite Schicht Pappmaché auftragen.

2 Den Teller über Nacht an einem warmen Ort trocknen lassen. Inzwischen zwölf Dreiecke aus dünnem Karton ausschneiden (deren Größe und Anzahl hängt vom Umfang Ihres Tellers ab).

3 Den Pappmaché-Teller von der Form abheben und den Rand begradigen. Mit gummiertem Klebeband die Dreiecke oben und unten um den Teller herum, gleichmäßig verteilt, befestigen.

4 Mit einem Malpinsel tragen Sie Pappmaché-Pulp auf Vorder- und Rückseite des Tellers und die Dreiecke auf. An einem warmen Ort vollständig trocknen lassen.

5 Den Teller mit feinem Sandpapier glattreiben. Eine Schicht Acrylgrundierung auftragen und trocknen lassen, dann nochmals mit Sandpapier abreiben.

6 Pausen Sie ein Bild Ihrer Wahl ab. Über die Rückseite der Pause kräftig mit weichem Bleistift reiben und so auf das Seidenpapier übertragen.

7 Auf den Schablonierkarton ein Sternenmotiv zeichnen und ausschneiden. Mit einem Schwamm und goldener Farbe das Motiv auf kleine, ausgerissene Quadrate des handgeschöpften Papiers stempeln.

8 2,5 cm große Quadrate aus goldenem Geschenkpapier ausschneiden. Pause, Sterne und Quadrate auf dem Teller positionieren und festkleben. Den Teller golden lasieren, trocknen lassen und versiegeln.

WANDLICHT

Zarte Goldakzente glitzern auf diesem hübschen Wandlicht im Kerzenschein. Die für Pappmaché benutzten, bedruckten Seiten bleiben sichtbar – statt Zeitungspapier verwenden Sie für diese letzte Schicht Pappmaché am besten ein paar Seiten aus einem alten Buch.

SIE BENÖTIGEN:
- Bleistift
- Lineal
- dicke Wellpappe
- Schere
- Klebeband
- Papierkleber
- Malpinsel
- galvanisierten Draht
- Zange
- Zeitungspapier
- Tapetenkleister
- Mischbehälter
- Seiten aus einem alten Buch
- weiße Latexfarbe
- Farbmischbehälter
- goldene Wachsfarbe
- Acrylsprühlack
- Teelicht
- Superhartkleber
- einen kleinen Spiegel

1 Vergrößern Sie die Schablonen im hinteren Teil dieses Buches und zeichnen Sie sie auf ein Stück dicke Wellpappe. Die Rückwand und der Boden des Wandlichtes werden aus Stabilitätsgründen aus jeweils drei Lagen Wellpappe gefertigt. Mit der Schere ausschneiden.

2 Mit Klebeband die drei Lagen Pappe zusammenkleben und im rechten Winkel aneinander kleben. Die Herzform im oberen Bereich der Rückwand so aufkleben, daß darunter genügend Platz für den Spiegel bleibt. Mit einer Schicht verdünntem Papierkleber versiegeln.

3 Verdrehen Sie zwei Stück galvanisierten Draht ineinander, biegen Sie diesen dann in eine geschwungene S-Form, die zwischen Rückwand und Boden paßt. Den Vorgang identisch wiederholen.

4 Die Stützen an Rückwand und Boden festkleben. Zeitungspapier in 2,5 cm breite Streifen reißen. In Tapetenkleister einweichen, vier Lagen Pappmaché auftragen. Für die letzte Schicht ein paar Seiten aus einem alten Buch verarbeiten.

5 An einem warmen Ort trocknen lassen, dann mit stark verdünnter, weißer Latexfarbe bestreichen. Trocknen lassen und das Herz mit goldener Wachsfarbe anmalen und auf dem ganzen Wandlicht goldene Akzente setzen.

6 Sprühen Sie das Wandlicht mit Acryllack ein, um die Dekoration zu schützen. Mehrere Schichten aufsprühen, gut trocknen lassen.

7 Dekorieren Sie die Metallhülle des Teelichtes passend zum Wandlicht und kleben Sie es mit Superhartkleber auf den Boden. Einen kleinen Spiegel, der das Kerzenlicht reflektiert, auf die Rückwand kleben.

KINDERZIMMER-MOBILE

Kinder lieben die Primärfarben der Objekte, die an diesem Mobile schweben. Wenn Sie es dann noch an einem kräftigen, roten Band aufhängen, können Sie sich der endlos faszinierenden Wirkung des Mobiles auf Kinderaugen sicher sein.

SIE BENÖTIGEN:
Laubsäge
2 x 2 cm starke, 60 cm lange Kieferlatte
transparenten Superhartkleber
Bleistift
dicke Wellpappe
Schere
elf Bilderösen
Klebeband
Papierkleber
Malpinsel
Zeitungspapier
Tapetenkleister
Mischbehälter
feines Sandpapier
weiße Latexfarbe
Acrylfarben
Farbmischbehälter
Acrylsprühlack
grüne Schnur und rotes Band

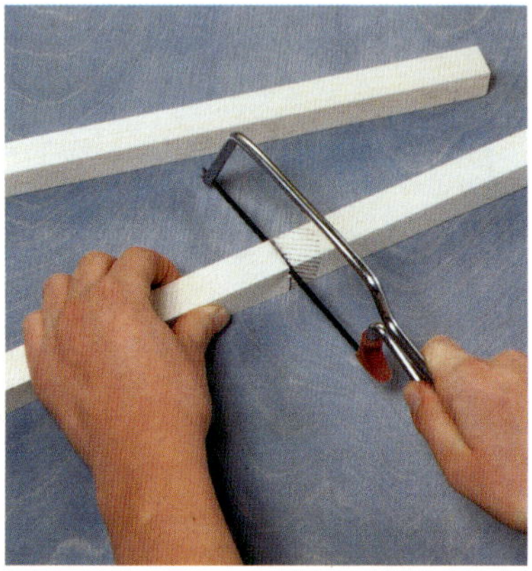

1 Mit der Laubsäge sägen Sie die Latte in zwei 30 cm lange Stücke für die Aufhängung des Mobiles. In der Mitte mit Superhartkleber im rechten Winkel aufeinander festkleben.

2 Die Schablonen im hinteren Teil dieses Buches kopieren und die Formen auf die dicke Wellpappe zeichnen. Ausschneiden und mit Klebeband auf jeder Form eine Bilderöse festkleben. Die Formen mit einer Schicht verdünntem Papierkleber versiegeln.

3 Zeitungspapier in 2,5 cm breite Streifen reißen und in Tapetenkleister einweichen. Die Formen sauber mit mehreren Lagen Pappmaché bedecken. Gut trocknen lassen. Mit Sandpapier abreiben und mit zwei Schichten weißer Latexfarbe grundieren.

4 Alle Teile mit den Acrylfarben dekorieren und mit Acrylsprühlack versiegeln. Die restlichen Bilderösen jeweils an den Enden und in die Mitte der Aufhängung einschrauben. Mit grüner Schnur das Mobile zusammenfügen und an einem roten Band aufhängen.

DEKORIERTE OSTEREIER

Diese schönen, glitzernden Eier sind zu Ostern eine prunkvolle Dekoration. Schmirgeln Sie das Pappmaché sorgfältig ab, damit die glatte Oberfläche der von echten Eiern gleicht. Unterschiedlich dekoriert, bringen sie sich gegenseitig schön zur Geltung.

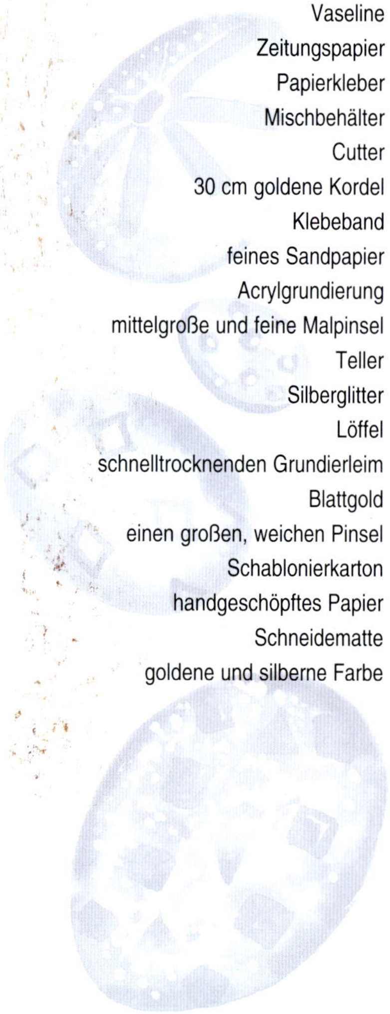

SIE BENÖTIGEN:
ein hartgekochtes Ei oder Stopfei
Vaseline
Zeitungspapier
Papierkleber
Mischbehälter
Cutter
30 cm goldene Kordel
Klebeband
feines Sandpapier
Acrylgrundierung
mittelgroße und feine Malpinsel
Teller
Silberglitter
Löffel
schnelltrocknenden Grundierleim
Blattgold
einen großen, weichen Pinsel
Schablonierkarton
handgeschöpftes Papier
Schneidematte
goldene und silberne Farbe

1 Fetten Sie ein hartgekochtes oder Stopfei (wie hier gezeigt) mit Vaseline ein.

2 Zeitungspapier in dünne Streifen reißen und mit Papierkleber bestreichen. Das Ei mit Pappmaché bedecken und gut trocknen lassen.

3 Mit dem Cutter schneiden Sie das Pappmaché-Ei in zwei Hälften und entfernen es vorsichtig von der Form.

4 Eine 30 cm lange, goldene Kordel doppelt nehmen und am Ende verknoten. Den Knoten zwischen die Hälften klemmen und diese gut mit Klebeband zusammenkleben. Das Ei nochmals mit einer Lage Pappmaché bedecken und gut trocknen lassen.

5 Reiben Sie die Oberfläche gut mit Sandpapier glatt und grundieren Sie sie mit Acrylgrundierung. Gut trocknen lassen und nochmals abschmirgeln.

6 Das Ei mit Papierkleber bestreichen, auf einen Teller legen und mit Silberglitter besprenkeln. Trocknen lassen.

7 Alternativ das Ei mit schnelltrocknendem Grundierleim einstreichen; wenn dieser noch leicht feucht ist, Blattgold mit dem großen Pinsel auftragen.

8 Für ein Découpage-Ei kleine Stempeldrucke mit goldener und silberner Farbe auf dem handgeschöpften Papier anfertigen und schneiden sie aus. Das Ei silbern bemalen und die Papierdekors aufkleben.

GOTISCHER KANDELABER

Efeublätter ranken sich um den Ständer und die Arme dieses Kandelabers, als wurzelten sie in dessen Fuß. Die Grundstruktur aus Drahtkleiderbügeln und Karton wird mit mehreren Lagen Pappmaché und handgeschöpftem Papier, das ihm zusätzliche Stabilität verleiht, beschichtet.

SIE BENÖTIGEN:
Zange
drei Drahtkleiderbügel
Marmeladenglas
Bleistift
Zirkel
Lineal
Dicke Wellpappe
Cutter
Schneidematte
dünne Drahtschnur
Naßklebeband
Schwamm
dünnen Karton
Zeitungspapier
Papierkleber
Mischbehälter
handgeschöpftes Papier
Klebeband
Pappmaché-Pulp
Malpinsel
feines Sandpapier
Acryllack
goldene und silberne Gouachefarbe
Farbmischbehälter

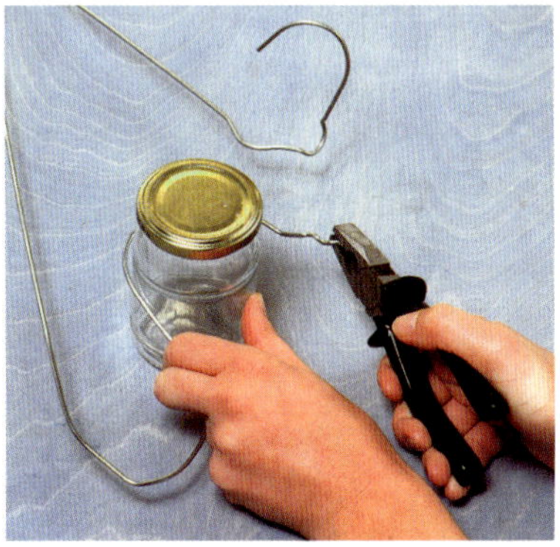

1 Mit der Zange verbiegen Sie zwei Drahtkleiderbügel für die Arme des Kandelabers. Biegen Sie den Draht um ein Marmeladenglas, um eine gleichmäßige Form zu erhalten. Die Haken abschneiden.

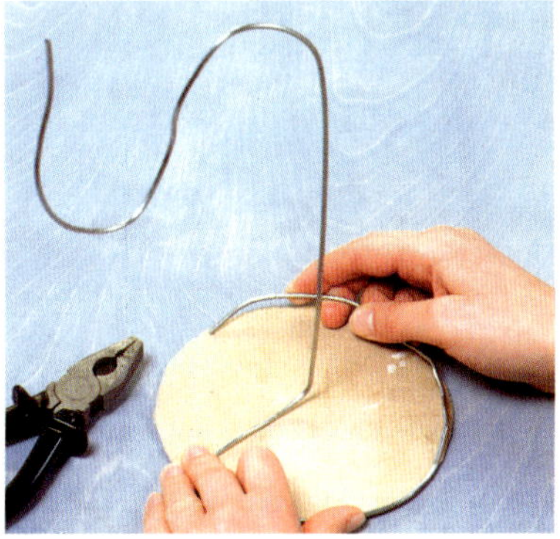

2 Einen Kreis von 16 cm Durchmesser auf dicke Wellpappe zeichnen und ausschneiden. Mit der Zange und dem Marmeladenglas das untere Ende der beiden Drähte zum Halbkreis biegen, so daß diese um den Kreis passen und den Fuß verstärken.

3 Fügen Sie die Konstruktion zusammen, indem Sie die beiden Drahtarme mit dünner Drahtschnur umwickeln und den Pappfuß mit Klebeband am Draht befestigen.

4 Für die Kerzenhalter schneiden Sie aus dünnem Karton zwei Kreise mit 9 cm Durchmesser aus. Schneiden Sie diese zur Mitte ein und formen Sie zwei Kegel, die Sie mit Klebeband sichern. Zeitungspapierstreifen in verdünntem Papierkleber einweichen und die Kegel mit einer Schicht Pappmaché bedecken. Nach dem Trocknen stecken Sie diese auf die Enden der Drahtarme und befestigen sie mit Naßklebeband.

5 Lange Streifen Zeitungspapier in sich verdrehen und um das Drahtgestell wickeln. Mit dünner Drahtschnur sichern.

6 Dünne Streifen des handgeschöpften Papiers in verdünntem Papierkleber einweichen und die Konstruktion mit einer Lage Pappmaché bedecken.

7 Verbiegen Sie nun den dritten Bügel für den Efeustamm. Acht bis zehn Efeublätter auf dünnen Karton zeichnen, ausschneiden und jeweils mit Naßklebeband an ein kurzes Stück Drahtschnur kleben.

8 Mit der Drahtschnur befestigen Sie die Blätter am Stamm und kleben sie zusätzlich mit Klebeband fest. Den Efeustamm und die Stile mit Streifen des handgeschöpften Papiers bedecken. ▶

9 Mit der Drahtschnur den Efeustamm am Hauptgerüst befestigen. Schwungvoll um den Ständer ranken und mit der Drahtschnur fixieren.

10 Nun bedecken Sie den ganzen Kandelaber mit einer Schicht Pappmaché-Pulp. An einem warmen Ort vollständig trocknen lassen.

11 Mit feinem Sandpapier sehr vorsichtig abreiben; achten Sie darauf, daß die Form des Kandelabers nicht beeinträchtigt wird.

12 Den Kandelaber mit Acrylsprühlack versiegeln. Nach dem Trocknen mit goldener und silberner Gouachefarbe dekorieren und nochmal versiegeln.

LINOLDRUCKTELLER

Die Form dieses schönen Pappmaché-Tellers entsteht aus dem als Untergrund verwendeten Eßteller. Er wird mit einer handgedruckten Découpage-Dekoration geschmückt, die in Linoldrucktechnik aufgebracht und mit von Hand aufgemalten Mustern verziert wird.

SIE BENÖTIGEN:
weißes Papier
Filzstift
Pauspapier
harte und weiche Bleistifte
Linoleum
Linolfeder
himmelblaue und ultramarinblaue
Acrylfarbe
Farbmischbehälter
mittelgroße und feine Malpinsel
Schere
Eßteller
Plastikfolie
Zeitungspapier
Tapetenkleister
Mischbehälter
feines Sandpapier
weiße Latexfarbe
Klebestift
Acrylsprühlack

1 Zeichnen Sie Ihr Fischmotiv mit dicken Linien auf das Papier.

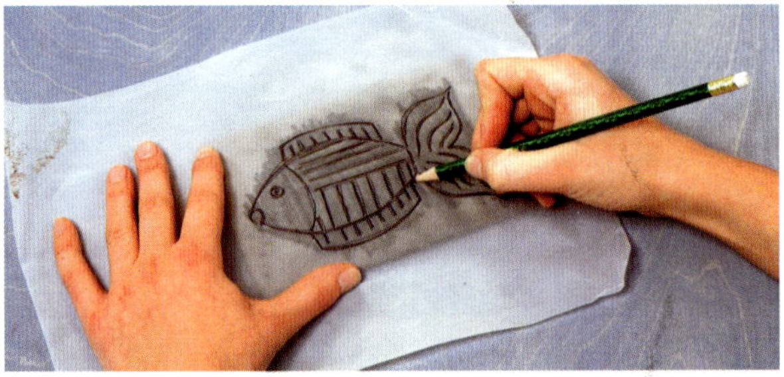

2 Das Motiv abpausen und über die Rückseite des Pauspapiers mit dem weichen Bleistift reiben. So übertragen Sie die Zeichnung auf Linoleum.

3 Mit der Linolfeder schneiden Sie die Linien des Fischmotives aus. Achten Sie darauf, nicht zu tief in das Linoleum einzuschneiden.

4 Bestreichen Sie das Linoleum mit breiten, leichten Pinselstrichen mit der himmelblauen Acrylfarbe. Die Farbe vorsichtig auftragen und darauf achten, daß sie nicht in die Kerben des Motives läuft.

5 Ein Stück weißes Papier auf das Design legen und gleichmäßig aufdrücken. Fertigen Sie so beliebig viele Drucke für die Dekoration Ihres Tellers an.

6 Wenn die Farbe getrocknet ist, schneiden Sie die Fischdrucke mit der Schere aus und legen sie beiseite.

7 Den Eßteller mit Plastikfolie bedecken. Zeitungspapier in ca. 2,5 cm breite Streifen reißen und in Tapetenkleister einweichen. Den Teller mit fünf Lagen Pappmaché bedecken und gut trocknen lassen. ▶

8 Das Pappmaché vorsichtig vom Teller entfernen und die Plastikfolie ablösen. Den Rand des Tellers mit der Schere begradigen und auf ihn und die Rückseite nochmals eine Schicht Pappmaché auftragen.

9 Den getrockneten Teller mit feinem Sandpapier abreiben und auf beiden Seiten mit zwei Schichten weißer Acrylfarbe grundieren. Gut trocknen lassen, dann die Fischdrucke aufkleben.

10 Mit einem feinen Pinsel und Ultramarinblau ein beliebiges Punktmuster auf die weißen Tellerflächen aufmalen.

11 Wenn die Farbe ganz getrocknet ist, den Teller auf beiden Seiten mit Acrylsprühlack versiegeln und gut trocknen lassen.

MATERIALIEN

WELLPAPPE
Doppelwandiger Karton, also Wellpappe, ist ideal als stabile Basis für Pappmaché-Arbeiten geeignet, vor allem als Gerüst für größere oder komplizierte Konstruktionen, da sie in dem fertiggestellten Objekt bleibt und es zusätzlich verstärkt.

HEISSKLEBERPISTOLE UND KLEBERSTÄBCHEN
Klebepistolen schmelzen feste Kleberstäbchen; dann wird der flüssige Kleber durch eine Düse an der Pistole ausgedrückt. Heißkleber eignet sich ideal zum Zusammenkleben von dicker Wellpappe, da der Kleber schnell antrocknet und eine feste Verbindung erzeugt. Beachten Sie bitte immer die Herstellerangaben beim Gebrauch von Heißkleber.

ZEITUNGSPAPIER
Für Pappmaché können verschiedene Papiersorten verwendet werden. Das günstigste und am einfachsten erhältliche Papier ist Zeitungspapier. Auch Zeitungspapier hat unterschiedliche Gewichtsklassen; so ist z. B. das Papier großer Tageszeitungen leichter und daher einfacher zu verarbeiten, als das Papier von kleineren Illustrierten.

FARBEN
Wenn Sie Ihre Pappmaché-Arbeit mit Farben dekorieren, tragen Sie zwei Schichten weißer, ungiftiger Farbe als Grundierung auf. Verwenden Sie weiße Latex-, Plaka- oder Pulverfarbe, wenn Sie sie mit Plaka- oder Gouachefarben bemalen wollen. Wollen Sie Acrylfarben verwenden, sollten Sie mit weißer Acrylfarbe oder Acrylgesso grundieren. Acrylfarben sind immer auf Wasserbasis. Sie verfügen über eine gute Deckkraft und erzeugen eine plastische, wasserfeste Oberfläche. Es gibt sie in unterschiedlichen Ausführungen. Plakafarben sind ebenfalls auf Wasserbasis, jedoch nicht wasserfest. Sie müssen versiegelt werden. Plakafarben gibt es in vielen Farbtönen.

PULVERISIERTER KLEBER
Ungiftiges, pulverisiertes Klebergranulat ist in Bastel- und Heimwerkerläden erhältlich. Es wird mit Wasser angerührt, bis eine feste Konsistenz erreicht ist. Dieser Kleber trocknet langsamer als Papierkleber und weicht das Pappmaché stärker auf.

RECYCLINGPAPIER
Es gibt inzwischen eine große Auswahl an schönem Recyclingpapier, das sich gut zum Auftragen einer dekorativen Schicht auf ein Objekt eignet, welches unbemalt bleibt. Da dieses Papier keine bestimmte Faserung hat, läßt es sich oft nur schwer reißen.

SEIDENPAPIER
Farbiges Seidenpapier ist im nassen Zustand schwierig zu verarbeiten. Leichter geht es, wenn es in Verbindung mit Zeitungspapier benutzt wird. Allerdings können schöne, durchscheinende Objekte gebastelt werden, wenn klebriges Seidenpapier in gefettete Formen gedrückt wird.

LACKE UND FIRNISSE
Lack oder Firnis wird zum Versiegeln des Pappmachés benötigt. Wenn Sie Farben auf Wasserbasis, z. B. Plakafarben oder Gouache verwenden, brauchen Sie einen Lack oder Firnis auf Polyurethanbasis. Nur in gut gelüfteten Räumen gebrauchen.

PAPIERKLEBER
Mit weißem Papierkleber können Sie festes, schnell trocknendes Pappmaché herstellen. Verwenden Sie einen ungiftigen Kleber. Er sollte mit Wasser verdünnt werden, bis er die Konsistenz einer leichten Crème erreicht.

Im Uhrzeigersinn von oben, Mitte: Zeitungspapier, Seidenpapier, Wellpappe, pulverisierter Kleber, Papierkleber, Lack, Heißkleberpistole und Kleberstäbchen, Recyclingpapier, Latexfarben, Plakafarben, Acrylfarben.

49.99
Inc VAT
Ex VAT 42.54
French
stored
fax
before
long
longer

ARBEITSMITTEL

Ballons
Ballons sind hervorragend als Form für runde Objekte, z. B. Vasen oder Sparschweinchen, geeignet. Wie bei allen Formen muß die Oberfläche des Ballons etwas mit Vaseline eingefettet werden, damit das Pappmaché später leicht entfernt werden kann.

Cutter und Schneidematte
Diese beiden Arbeitsmittel sind beim Schneiden von dickem Material, wie z. B. Wellpappe, sehr nützlich. Verwenden Sie immer ein Metallineal, wenn Sie mit dem Cutter Linien schneiden, da ein Plastiklineal dem Druck des Cutters nicht standhält.

Klebeband
Klebeband ist ein leicht entfernbares Papierband, das sich ideal zum Zusammenhalten von schweren Materialien, wie z. B. Wellpappe, eignet, während die geklebten Nähte trocknen oder während das Pappmaché aufgetragen wird. Sie benötigen normales Abdeckklebeband und Naßklebeband.

Formen
Ganz unterschiedliche Gegenstände können als einfache Formen für Pappmaché dienen. Alte Teller und Schüsseln sind ideale Formen. Bevor das Pappmaché aufgetragen wird, die Form immer mit Vaseline fetten, damit das getrocknete Papier leicht entfernt werden kann. Achten Sie bei der Auswahl Ihrer Form darauf, daß sie keine Überhänge hat und kein Teil der Form größer ist, als die Öffnung, aus der das Pappmaché entfernt werden soll. Wenn diese goldene Regel nicht befolgt wird, läßt sich die Papierhaut nicht ablösen.

Malpinsel
Breite Flachpinsel eignen sich gut zur Grundierung von Pappmaché, da sie große Flächen schnell abdecken. Kaufen Sie die beste Qualität, die Sie bekommen können; billige Pinsel sind Ihr Geld nicht wert, da sie normalerweise ständig Haare verlieren und somit das Erreichen einer glatten Oberfläche erschweren. Feine Marder-, Marder-/Nylon- oder reine Nylonpinsel sind für den Auftrag von Plaka- und Gouachefarben geeignet; dickere Pinsel, die häufig ausgewaschen werden können, ohne darunter zu leiden, sollten für Acrylfarben verwendet werden.

Vaseline
Die Oberfläche der Formen sollte mit einer dünnen Schicht Vaseline eingefettet werden, damit sich das getrocknete Pappmaché leicht entfernen läßt.

Plastilin
Plastilin kann zum Anfertigen dreidimensionaler Formen verwendet werden. Die Oberfläche des Plastilins sollte ebenfalls leicht eingefettet werden, bevor das Pappmaché aufgetragen wird, damit es sich nach dem Trocknen wieder leicht entfernen läßt.

Sandpapier
Feines Sandpapier wird zum Abschmirgeln der Pappmaché-Oberfläche vor Auftrag der Grundierung benötigt. So erhalten Sie einen glatten Maluntergrund ohne Klümpchen und Beulen. Tragen Sie eine Schutzmaske, wenn Sie Pappmaché abschmirgeln.

Im Uhrzeigersinn von oben, Mitte: Cutter, Klebeband, feine Malpinsel, Sandpapier, Plastilin, Ballons, Vaseline, Eßtellerform, großer Flachpinsel, Metallineal, Schneidematte.

TECHNIKEN

Pappmaché ist eine erfreulich einfache Basteltechnik, deren Grundtechniken sehr leicht zu lernen sind. Wenn Sie einmal ein paar einfache Methoden beherrschen, können Sie schwierigere Projekte selbstbewußt angehen und sich über die gelungenen Ergebnisse freuen.

Teller oder Schüssel als Form verwenden

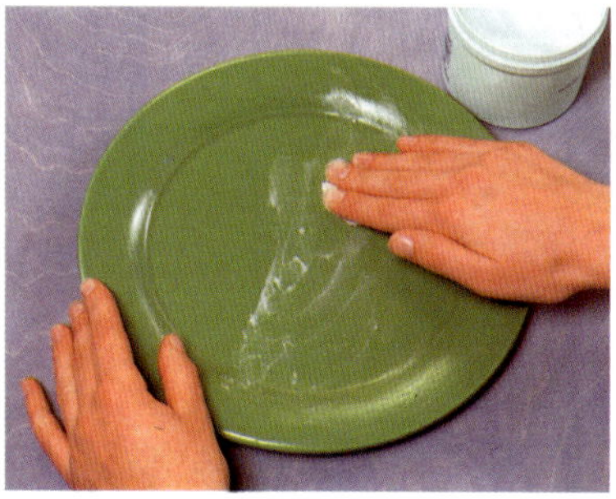

1 Bestreichen Sie die Oberfläche der Form mit Vaseline, damit die Papierform nach dem Trocknen leicht entfernt werden kann.

2 Reißen Sie Zeitungspapier in ca. 2,5 cm breite Streifen, die lang genug sind, um die Form zu bedecken. Streichen Sie jeden Streifen mit verdünntem Papierkleber oder Tapetenkleister ein. Die Form damit beschichten.

3 Nach der ersten Schicht tragen Sie die zweite Schicht im rechten Winkel zur ersten auf. Weitere Schichten nach derselben Methode auftragen.

Plastilin als Form verwenden

1 Formen Sie das Plastilin zur von Ihnen gewünschen Form. Leicht mit Vaseline einfetten. Mit dünnen Streifen Zeitungspapier fünf Lagen Pappmaché auftragen und an einem warmen Ort gut trocknen lassen.

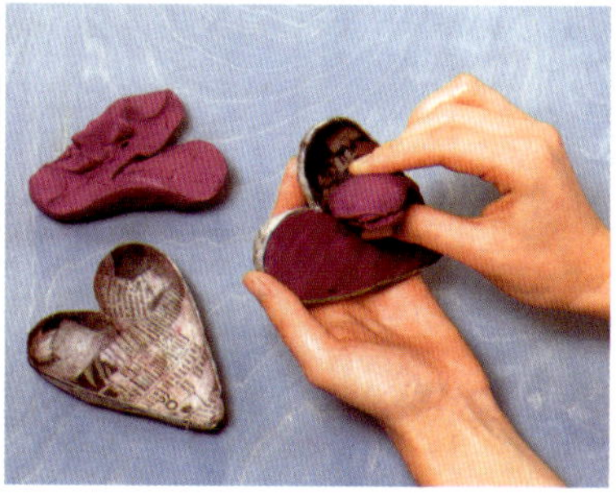

2 Zeichnen Sie eine Schnittlinie auf die Außenseite der Form. Mit dem Cutter langsam und sehr sorgfältig die Form in zwei Hälften schneiden. Das Plastilin vorsichtig aus den Hälften entfernen.

3 Die leeren Pappmaché-Hälften aufeinander legen, die Schnittkanten exakt angleichen. Mit Klebebandstreifen zusammenkleben, dann die Nahtstelle mit drei Lagen Pappmaché aus dünnen Zeitungspapierstreifen bedecken.

Entfernen des Pappmachés aus der Form und Begradigung der Ränder

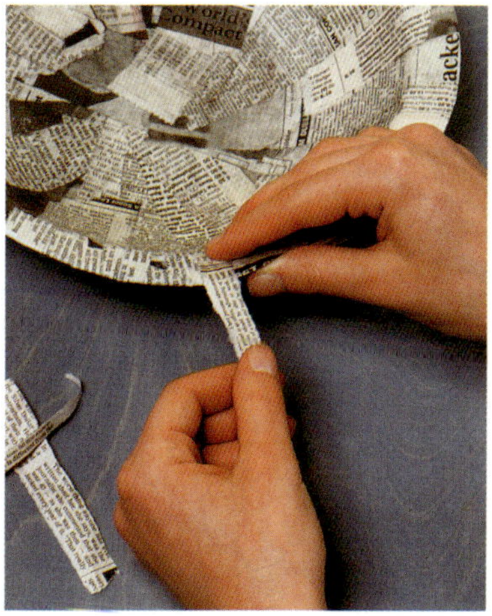

1 Wenn die Oberfläche des Papiers in der Form getrocknet ist, den Rand leicht anheben und – sofern die Unterseite fast trocken scheint – mit einem stumpfen Messer das Pappmaché aus der Form heben. Die Arbeit auf den Kopf stellen und trocknen lassen.

2 Die groben Ränder mit der Schere begradigen, dabei den Abdruck des Formrandes als Anhaltspunkt nehmen, um eine akkurate Schnittlinie zu erhalten.

3 Um ein Auseinanderfallen der Papierschichten zu vermeiden, die Kanten der Papierform mit kleinen, dünnen Streifen Pappmaché zusammenkleben.

Ein Gerüst aus Wellpappe bauen

1 Schneiden Sie die einzelnen Gerüstteile aus der Wellpappe aus und fügen Sie sie mit Klebeband zusammen.

2 Die Hauptform auf den Boden des Gerüstes kleben.

3 Das Gerüst mit einer Schicht verdünntem Papierkleber versiegeln. Dies verhindert, daß sich die Wellpappe verformt.

Vorbereitung der Pappmaché-Oberfläche für das Bemalen

Die Oberfläche des Pappmachés sollte vor dem Bemalen grundiert werden, damit das Zeitungspapier abgedeckt wird und ein guter Maluntergrund entsteht.

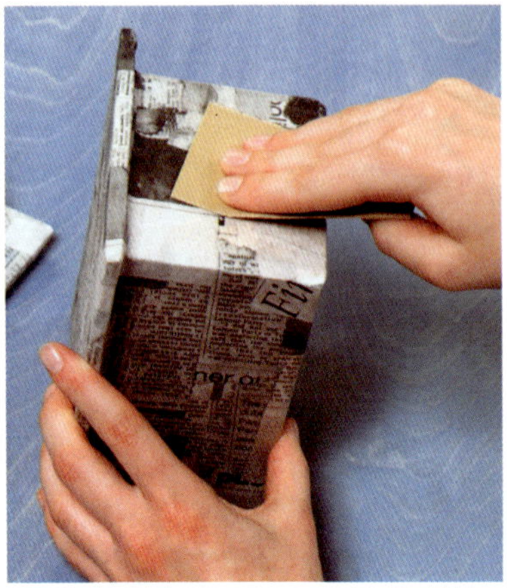

1 Die Oberfläche des Pappmachés vorsichtig mit feinem Sandpapier abreiben, bevor sie mit einer Schicht weißer Latexfarbe bestrichen wird.

2 Die erste Schicht Farbe auftragen und das Objekt in einem gut gelüfteten Raum vollständig trocknen lassen.

3 Die trockene Farbe mit feinem Sandpapier leicht abreiben und eine zweite Schicht Farbe auftragen. Sobald diese ganz getrocknet ist, kann das Pappmaché aufgetragen werden.

Wie Sie Ihre Hände schützen

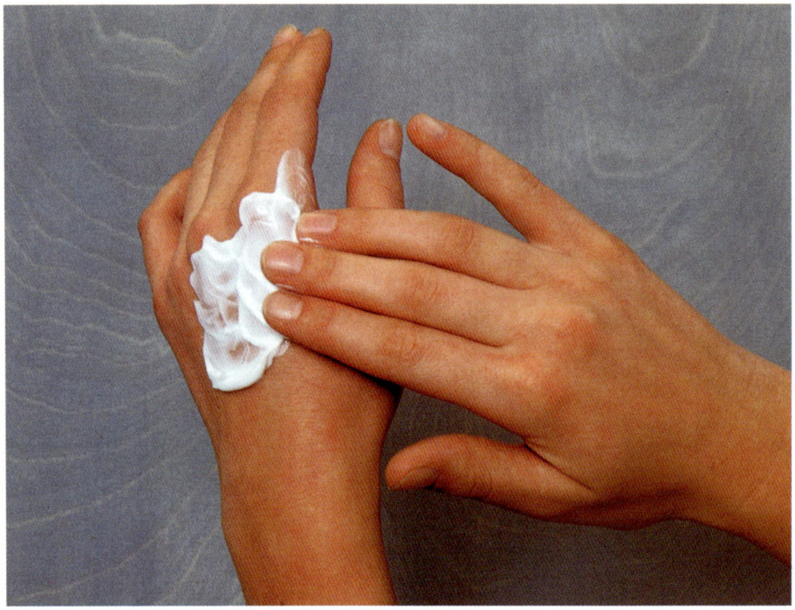

Wenn Sie empfindliche Haut haben, brauchen Sie trotz ungiftiger und fungizidfreier Kleber und Kleister einen zusätzlichen Schutz für Ihre Haut. Reiben Sie Ihre Hände gut mit Schutzcreme ein, bevor Sie mit der Arbeit beginnen; sollten Sie dennoch Probleme haben, tragen Sie chirurgische Gummihandschuhe, um die Haut zu schützen. Es ist immer eine gute Idee, die Hände mit Feuchtigkeitscreme einzureiben, da sich der Kleber dann leichter abwaschen läßt, insbesondere Papierkleber.

Zeitungspapier zerreissen

Zeitungspapier hat eine bestimmte Faserung, gewöhnlich verläuft sie von oben nach unten.

1 Reißen Sie Zeitungspapier mit der Faserung, so können Sie sehr gleichmäßige Streifen in jeder beliebigen Breite abreißen.

2 Wenn Sie versuchen, ein Stück Zeitungspapier gegen die Faserung zu zerreißen, werden Sie merken, daß Sie keine Kontrolle darüber haben.

Pappmaché

Man kann fertigen Pappmaché-Pulp kaufen, er ist jedoch sehr einfach herzustellen. Verwenden Sie ihn für Projekte, die auf einer Form basieren, und für den Aufbau von skulpturalen Formen: Sie können den Pulp einfach mit der Hand oder einem festen Pinsel formen. Gut trocknen lassen, wenn nötig, sogar mehrere Tage.

SIE BENÖTIGEN:
- fünf Seiten Zeitungspapier
- einen alten Topf
- Löffel
- Mixer
- Plastikbehälter
- fünf Teelöffel Papierkleber
- zwei Teelöffel Tapetenkleister
- einen Teelöffel Gips
- einen Teelöffel Leinöl

1 Das Papier in ca. 2,5 cm breite Streifen reißen und diese in einen alten Topf geben. Mit Wasser bedecken und ca. 30 Minuten köcheln lassen.

2 Das Papier und evtl. Wasserreste in den Mixer füllen und zu einem Brei verrühren. In einen Behälter füllen (Plastikbehälter mit Deckel ideal, darin bleibt der Pulp mehrere Wochen verarbeitbar).

3 Den Papierkleber, Tapetenkleister, Gips und das Leinöl hinzufügen. Kräftig durchrühren – nun können Sie den Pulp verarbeiten.

SCHABLONEN

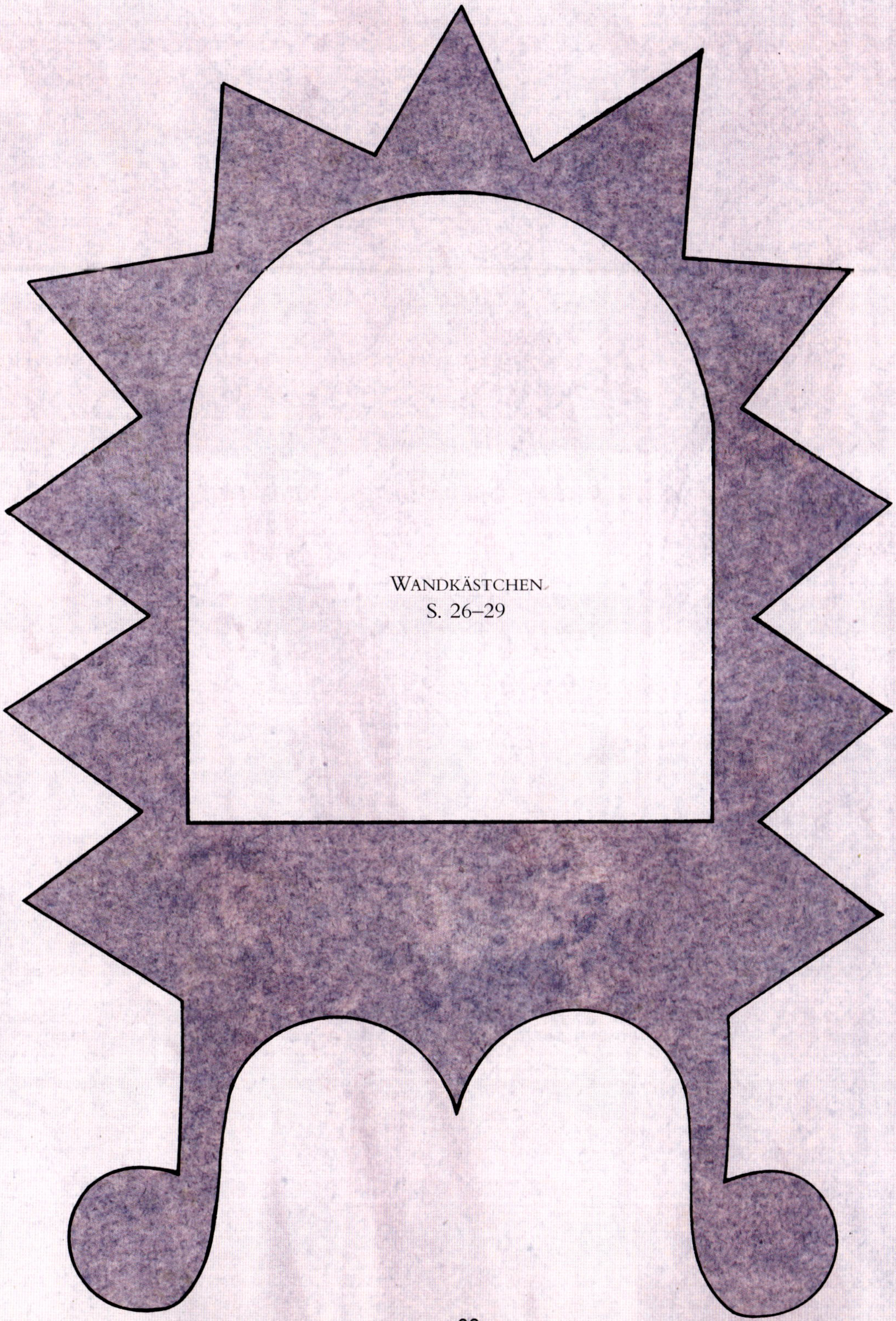
WANDKÄSTCHEN
S. 26–29

KINDERZIMMER-MOBILE
S. 70–71

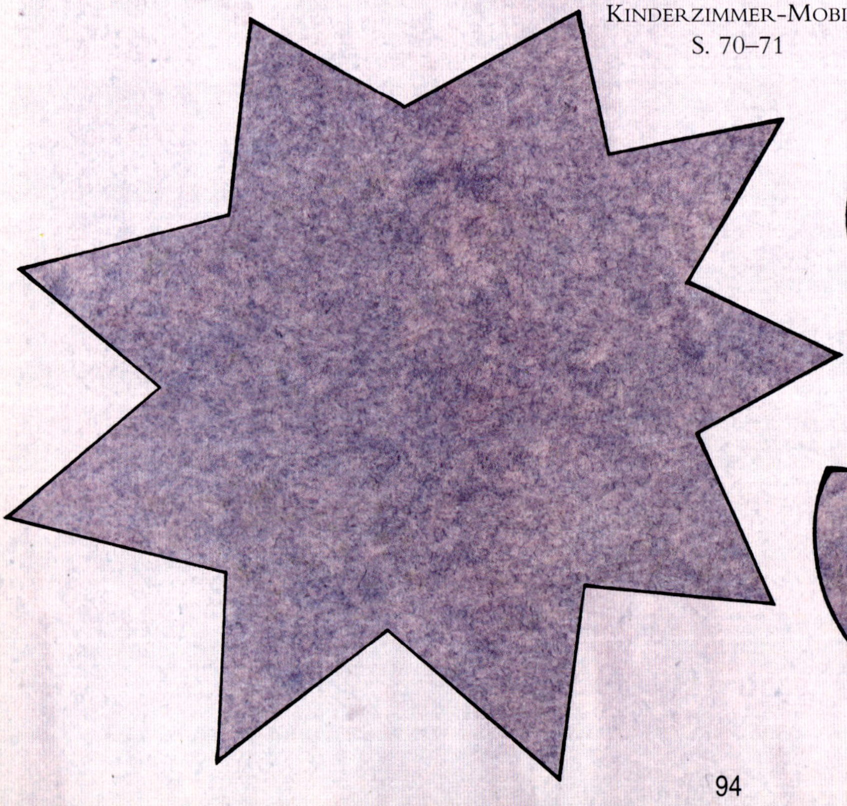

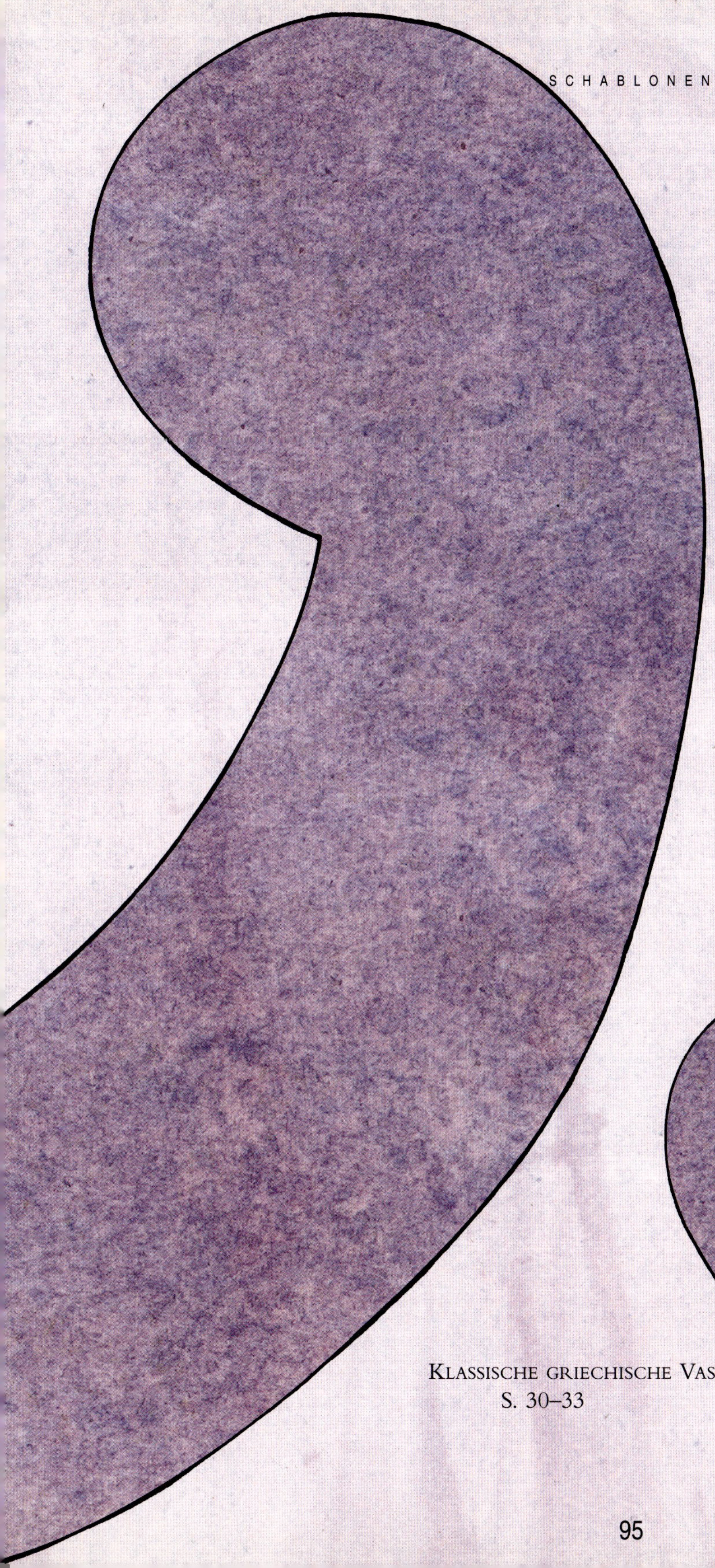

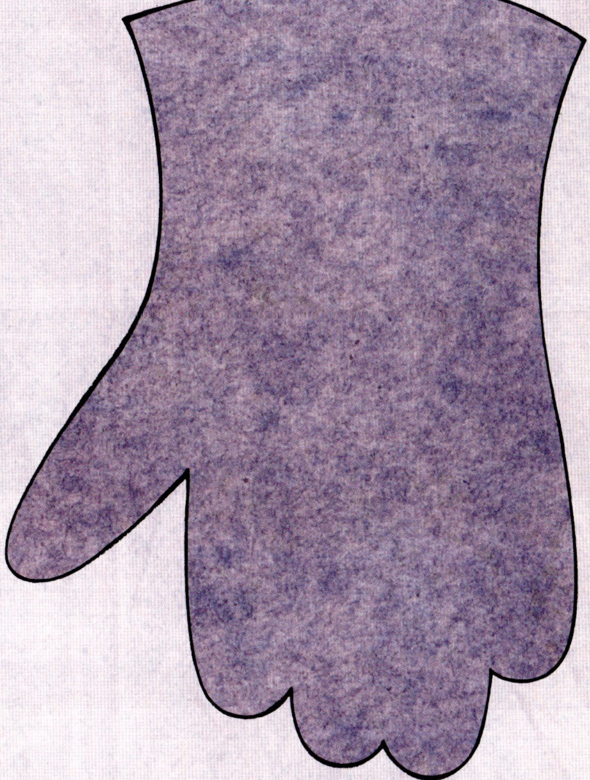

KINDERZIMMER-MOBILE
S. 70–71

KLASSISCHE GRIECHISCHE VASE
S. 30–33

INDEX

Die Herausgeber danken den folgenden Künstlern für die schönen Projekte in diesem Buch:
Madeleine Adams: Fisch-Kühlschrankmagnete, bunt bemalter Bleistifthalter, bunte Serviettenringe; Petra Boase: Patchwork-Schale; Gerry Copp: glänzender Spiegel, Wandkästchen, Découpage-Papierkorb, sternenübersäter Zeitungsständer; Ken Eardley: nautisches Wandkörbchen, Ballon-Obstschale, Wandlicht, Kinderzimmer-Mobile, Linoldruckteller; Marion Elliot: Kieselstein-Wanduhr, klassische griechische Vase; Emma Hardy: Bilderrahmen; Kim Rowley: Sonne-und-Mond-Mobile, Schmuckkästchen, Briefständer mit Herz; Kerry Skinner: vergoldete Vase, vergoldete Sternenplatte, dekorierte Ostereier, gotischer Kandelaber.